家庭教育书架

学习方法
决定学习成绩

尹京鸾 编著

孩子缺乏的不是聪明而是学习方法
家长缺乏的不是爱心而是家教方法

时代 成都时代出版社
CHENGDU TIMES PRESS

图书在版编目（CIP）数据

学习方法决定学习成绩 / 尹京鸾编著 .-- 成都：成都时代出版社，2014.3（2018.5 重印）

ISBN 978-7-5464-1127-9

Ⅰ．①学… Ⅱ．①尹… Ⅲ．①学习方法 - 青年读物②学习方法 - 少年读物 Ⅳ．① G791-49

中国版本图书馆 CIP 数据核字 (2014) 第 039583 号

学习方法决定学习成绩

XUEXI FANGFA JUEDING XUEXI CHENGJI

尹京鸾

出 品 人　石碧川
责任编辑　陈德玉
责任校对　李　航
装帧设计　欧阳永华
责任印制　唐莹莹

出版发行　成都时代出版社
电　　话　（028）86621237（编辑部）
　　　　　（028）86615250（发行部）
网　　址　www.chengdusd.com
印　　刷　北京一鑫印务有限责任公司
规　　格　710mm × 1000mm　1/16
印　　张　15.5
字　　数　250 千
版　　次　2014 年 5 月第 1 版
印　　次　2018 年 5 月第 2 次印刷
书　　号　ISBN 978-7-5464-1127-9
定　　价　29.80 元

前　言

　　学习是一件很简单的事情，而且非常有趣。学习方法事实上决定了孩子的成绩，方法就是孩子征服未知的工具。联合国教科文组织明确提出：未来的文盲不再是不识字的人，而是没有学会怎样学习的人。

　　学习方法既然这么重要，那么为什么学校不教呢？学校不是不教，而是教得少，教得不系统，教得不专业。目前，学校教学主要是传授知识，教育界称之为"基于知识传授"的教学。

　　当今时代已进入互联网和知识爆炸时代，知识成几何倍数的增加和更新，一个人不得不一辈子都要去学习。这就需要知道如何学，如何去获取新的知识，如何运用知识去解决新的问题。

　　学而不思则罔。在学习过程中，如果不进行主动的思考，而仅仅是被动地接受知识，就不是一种有策略的学习，也不会取得好的效果。

　　小疑则小进，大疑则大进，如果对知识只是不加分析地接受，就不会有任何进步。因为学习的本质是获得能力上的提高，所以你首先要以平常心去对待这件事，不平静下来的话学习效率就不行了。

　　"工欲善其事，必先利其器。"如果我们想做好一件事，很重要的一点就是拥有精锐的工具、具备适当的手段。在学习过程中同样如此。对于学生而言，适宜的学习方法就是"利器"，它可以帮助我们更顺利、

1

更有效地完成学习任务。如果仅仅停留在苦学、勤学的水平上，将很难应对学业。因此，学生必须使用适合自己的学习方法。并且，找到适合自己的学习方法还不够，更重要的是将这种方法固定下来，成为一种习惯，这样才能帮助我们更好地学习。

对于学生而言，学习不仅仅是要掌握知识，更重要的是要学会如何学习。正如美国著名教育心理学家布鲁纳认为："学习的目的不仅是将我们带到某处，而且应该让我们在前进时更为容易。"老师传授的知识是会被遗忘的，但学习方法则会使我们终身受益。

知识积累再多总是知识，能够使用知识，才有一生发展。方法比知识更重要，掌握一个正确的学习方法比占有书本知识更有潜力。我们的学习有时难以突破，其实正是缺少一个好的方法的引领。学习无所作为，缺少的不是知识，而是好的学习方法。

所以方法决定成绩，优秀成绩背后的支撑一定是正确的学习方法，优秀学生的成功秘诀是掌握一种好的学习方法。

目 录 *CONTENTS*

1

第一章
高效的学习方法决定孩子的人生道路

一、学习要有良好的习惯

二、兴趣是最好的老师

三、重视孩子的学习方法

四、有计划性的学习可以提高孩子的学习效率

五、成绩落后是由于缺乏学习效率意识

六、不要因为考试成绩不好就全盘否定孩子

一、学习要有良好的习惯

　　人的一生，是一个不断学习的历程。具有高效学习能力的人，是永远走在时代前列的人。有句话说得好：学习者不一定是成功者，但成功者一定是学习者。因此，可以这么说，学习能力是一个人取得成功的助推剂。"工欲善其事，必先利其器"，学习能力就好比是汽车的发动机，如果想跑得快，必须提高发动机的功率！

　　我们甚至可以这样认为，学习力从某种意义上就是竞争力。一个人只有具备比别人更快、更好的学习力，才能在竞争中脱颖而出，取胜对手。下面，我们来看看 IT 英才唐骏的创业经历：

　　1980 年，因高考语文成绩一分之差，唐骏没有考上理想的大学和专业，这时的唐骏有些失落与苦闷，甚至有些自暴自弃；

　　1985 年，唐骏考上了热门专业的研究生，并靠着努力"钻营"获得留学日本的机会；

　　1990 年，唐骏赴美攻读博士，并先后创立了三家小型公司；

　　1994 年，抱着"偷师学艺"的本意，唐骏放弃自己的"皮包公司"，加入微软成为一名软件工程师；

　　1997 年，时任微软总部 Windows NT 开发部门高级经理的唐骏"衣锦还乡"，来到上海组建微软中国区技术支持中心；

　　2001 年，因工作出色，上海微软中国区技术支持中心先后升级为亚洲区支持中心、全球支持中心，唐骏不仅担任全球支持中心总裁，还兼任了微软合资公司——上海微创公司总裁等职务；

2002 年，唐骏出任微软中国总裁；

2004 年，唐骏以微软中国终身荣誉总裁身份从微软退休，并以 260 多万股股票期权出任盛大网络公司总裁；

2008 年 3 月，转任盛大网络公司董事；

2008 年 4 月，转任公司 CEO 顾问，继续担任盛大董事；

2008 年 4 月 15 日，唐骏加盟新华都集团接替集团创始人徐发树，出任集团总裁兼 CEO，全面负责新华都集团的日常管理，长期战略，集团运营，对外投资及资本运作等的全面工作。

唐骏到底是靠什么取得如此巨大的成功的？当人们向唐骏问起这个问题的时候，唐骏是这样回答的："学好专业知识并不重要，一门功课是否能考到 98 分也不重要！学会快速学习才更为重要，也就是在最短时间里掌握核心内容，并迅速运用的能力。"

我们可以从唐骏的话中得到启示：一个人学习能力的强弱直接决定着他的成功还是失败。所以对于那些正焦头烂额不知道如何教育自己孩子的家长来讲，这未尝不是一个好的教育突破口：一定不能忽视对孩子学习能力的培养！优秀并不是天生的——培养孩子的学习能力是英才培养计划的保证，超强的学习能力是孩子成功的保证。那么如何培养孩子的学习能力呢？其实家长只要能做到以下三点即可：

1.培养孩子学习的主动性和自觉性

现在有些孩子在家做作业时，往往要求爸爸妈妈在边上陪他，其实，他并不要求父母为他解答作业，这只是心理上的一种需求，正是孩子独立性差的表现。试想，如果孩子连独立完成作业都办不到，你怎么可能指望他主动和自觉地去学习呢？当然，培养孩子的独立性是一个长期的过程，需要我们耐心地坚持，当孩子慢慢把独立性培养起来的同时，也在慢慢养成自觉性和主动性。

2. 培养孩子的学习兴趣

良好的学习兴趣是提高孩子学习能力的一个重要方面，要使孩子明确学习的目的和意义。增强学习的自觉性，我们可以通过多种方式、多种渠道，对孩子进行学习目的性和学习意义的教育，使他把当前的学习同未来的生活和工作联系起来，让他明白知识在社会发展中所起的重大作用，并逐渐把学习的外部要求转化为自身的学习需要，从而增强其学习的自觉性，变"要我学"为"我要学"。

3. 培养孩子良好的学习习惯

良好的学习习惯，有助于提高孩子的学习成绩，减轻他由于学习而造成的生理和心理负担。养成良好的学习习惯，如课前预习，上课专心听讲，课后认真复习，并做好作业，早睡早起等。这可以提高学习效率，避免注意力分散，使孩子的思想专注于学习。更进一步来讲，孩子现在正处于生理和心理发展的成长阶段，现在对他进行良好学习习惯的教育，将使他们终身受益。

二、兴趣是最好的老师

兴趣是最好的老师。一个人如果做他感兴趣的事，他的主动性将会得到充分发挥。即使十分辛劳和疲倦，也总是兴致勃勃、心情愉快；即使困难重重也绝不灰心丧气，而去想办法，百折不挠地去克服它。同样的道理，如果让孩子去学他感兴趣的知识，学习的时间即便很长，他也丝毫不会觉得累。

在学习过程中，有学习兴趣的孩子，往往对学习充满热情，有的甚至会对所学知识达到迷恋的程度；当学习之后，他们会觉得非常的舒畅，非常的惬意，从而产生欢快、愉悦的心情。这不仅有利于他们获取知识，还有利于其心理的正常发展。当然，更重要的是有助于孩子成才！然而一旦孩子没有学习兴趣，则会出现相反的情况。

有这样一个事例：

10岁的王刚上了小学二年级以后好像变了一个人似的，成绩下滑得很快。家长老师怎么说他都无动于衷，每天只顾着贪玩，再也没有以前的上进心了。王刚上一年级的时候可不是这样的，他以前学习成绩在班级一直都是前几名，进取心特别强，要是哪次考试考得不满意了，一定会更加努力地学习，然后下次考试再赶上来。以前王刚的爸爸妈妈是以他为骄傲的，走到哪里都会很得意地提到自己儿子的成绩，所以家里的亲戚朋友都知道王刚学习成绩好，是个争气的好孩子。但是，一上了二年级，王刚怎么就变了个样呢？

这天，王刚的妈妈居然接到老师的电话："你们家王刚今天旷课了！"

晚上王刚回到家以后，妈妈大声地斥责王刚不懂事，说他没出息，不争气，成绩都这样了还有心思溜出去玩。爸爸也唉声叹气地问王刚到底是怎么了。王刚站在爸爸妈妈面前低着头小声地说："爸爸妈妈，我不喜欢上学，不喜欢学习，我觉得太累了。"

王刚话还没说完，妈妈一个巴掌就打了下来，王刚被妈妈打愣了。妈妈边哭边说："你这么小就知道说这么不上进的话了。你知不知道，以前你是爸爸妈妈的骄傲，可现在呢？亲戚朋友问起你时我们都觉得抬不起头来！"

说到这里，王刚打断了妈妈的话，他大声地喊："我不要做你们的骄傲！我不要你们用我的学习成绩去炫耀！我不要你们像看犯人一样地看着我学习！你们从来都不为我想想，从来都不知道自己的不对，我不再为你们学习了！"

王刚说着跑了出去，爸爸妈妈都愣在了原地。过了好一会儿，爸爸才说："孩子不爱学习的原因，是因为我们？"

不难看出，例子中的王刚已经对学习没了兴趣。在这种情况下，他不可能安心地学习。从这个例子，我们可以看出，学习兴趣对孩子起着非常重要的作用，在某些程度上，甚至可以说是孩子学习的动力。所以作为家长，在某些情况下不能光埋怨孩子，而是要试着培养孩子的学习兴趣，让孩子爱上学习。

关于如何培养孩子的学习兴趣，我们给出如下建议：

1. 培养孩子的好奇心

对于孩子来说，兴趣就是一种好奇心，而好奇心是孩子求知欲的萌发，是孩子探索世界的开始。好奇心代表孩子喜爱接触新事物，当一个人对新事物接触得越多，他就越想知道更多；想知道更多，正是学习动力的来源。

2. 刺激孩子的求知欲

家长应从多渠道、多方面培养孩子的学习兴趣，使孩子的学习过程变成更有情趣、更丰富多彩的过程。如有意带孩子去参观博物馆、图书馆，带孩子走入大自然去旅游、郊游，引起他认识事物、研究事物的兴趣，让他对周围事物和现象产生兴趣和热爱，渴望获得知识。同时，家长也可采用多种形式，如做游戏、阅读课外读物等，帮助孩子掌握和积累知识，激发他们的求知欲。

3. 要使他尝到成功的滋味

家长要耐心地引导及帮助孩子，使孩子体验到克服困难之后获得成功的乐趣。如指导孩子做作业时，先让他做一些简单的题目，要肯定他的微小进步，表扬他某一方面的成功，使孩子增加信心，然后再让他做些较难的。一旦学习方法改进了，成绩有所提高，原来减弱了的兴趣又会重新增强起来。

4. 让孩子觉得学习是轻松而愉快的

我们承认，学习是一件苦差事。但是为什么有的孩子学习起来却津津有味，废寝忘食，甚至是达到了忘我的境界？这说明学习的过程还是苦中有乐的——或者顺利地完成了学习任务；或者费尽周折终于解出了一道难题；或者因成绩优异受到了老师和家长的表扬、奖励等等，这些都应该是学习带来的快乐。正是这种成功的体验，这种快乐的心境，才不断地激励这些孩子喜欢学习，热爱学习。相反，如果孩子一开始就觉得学习是痛苦的、艰难的，那他内心就会产生畏缩的情绪，这样他是无论如何也不会对学习产生兴趣的，只能是越学越枯燥，越学越讨厌。可见，让孩子尝到学习的甜头，让孩子一开始就对学习拥有一份快乐的心境，让他感觉到学习是轻松而愉快的事，对于培养孩子的学习兴趣也是十分重要的。

三、重视孩子的学习方法

知识浩瀚如烟海，我们又处在一个知识爆炸的信息时代。要学习和了解的知识太多太多。要想在现今社会站稳脚跟，就必须更迅捷、更有效地获取新知识和新技能，这时人的学习能力就显得格外重要。因此从某种意义上说，我们已经掌握的知识并不重要，重要的是我们是否掌握了学习的方法和技巧。美国未来学家阿尔温·托夫勒说过："21世纪的文盲不是没有知识的人，而是不会学习不会生存的人。"

具体到孩子，学习好比用刀砍柴，用钝刀砍或用利刀砍，一样的辛劳收获却不一样。不掌握或不会运用学习技巧，不能按照学习规律办事，即使你的孩子再努力，那也叫使蛮劲。"磨刀不误砍柴工"这个道理也说明：要想迅速提高学习成绩，就应首先重视学习方法的学习。也就是说，"工欲善其事，必先利其器。"

河南省某年理科状元张某说：

"学习方法是非常重要的，因为好的方法可以使你的学习过程事半功倍，如果有非常好的学习方法的话，学习的过程也会变得非常轻松，因为如果你有好方法，学习的效率特别高，这样话，你就能节省出很多的时间，或者是你在相同的时间中就能够学到比别人更多的东西，所以你的学习过程会变得轻松一点。"

山西省某年文科状元孙某说：

"怎么说呢，不是说学海无涯苦作舟吗，我想学习方法是可以做桨的，它给你一个方向让你很快地划到彼岸，又像是一把钥匙，有了它你就可以开启智慧之门。方法论应该是科学的科学，是科学之母，有了方法你可以学到更多的东西，就像我们现在在学校学习，其实并不是仅仅为了学习这些知识，而是为了学习到方法，因为它可以使我们终身受益，不仅在高考这上面很有用，在以后的人生之路、以后的提高上都是非常有用的，所以大家一定要注意对学习方法的积累。"

著名教育家陶行知说过："好的先生不是教书，不是教学生，乃是教学生学"。叶圣陶老前辈也曾说过："对于学生来说，能够得到一把开启智慧之门的钥匙，养成一些良好的学习习惯，练就几路真正有用的本领，那才是最大的实益，终身受用的好修养。"伟大的科学家爱因斯坦总结自己获得伟大成就的公式是：$W=X+Y+Z$，W 代表成功，X 代表刻苦努力，Y 代表方法正确，Z 代表不说空话。可见，学习方法对于孩子的成功来讲是多么重要。因此，对于正处于成长期的孩子来讲，掌握适合自己的学习方法是很重要的。

那么，如何让孩子掌握更科学的学习方法呢？如何让孩子找到更适合自己的学习方法呢？

1. 让孩子会听课

同样都是听老师讲一堂课，但每个学生收获的差异却很大。其原因除了孩子自身的接受能力不同外，关键在于孩子是否会听课。听课的关键是要跟着老师的教学走，眼睛看、耳朵听、心里想，需要做练习时马上动手。最好是听课前先预习，对这节课要学习的内容大致了解，带着问题去听课，就能够听好课。

2. 让孩子学会记笔记

要让孩子上课时集中精力听老师讲课，记笔记也很重要。笔记要清楚、精练、快捷，把老师讲的难点、重点、关键知识点记下来，把遇到的问题记下来，利用课后时间去问老师，把自己的理解和体会记下来。在巩固知识时，笔记就能发挥很好的作用。

3. 让孩子在课堂上积极与老师互动

鼓励孩子在课堂上大胆提问题，提问题先考虑好，准备好问什么，怎么问。这样不但可以加深对知识点的理解印象，更能让孩子处于主动学习的良好状态，提高听课效率，增强学习兴趣和进取心。由此，孩子也会受益匪浅。

4. 让孩子学会复习

复习的目的，是进一步深化学习内容，拾漏补遗，完整地把握讲课内容，加深理解，增强记忆。孩子复习不要占太多的时间，关键是平时课堂学习和作业练习要扎实，复习可浏览课堂笔记，回顾错题集，尽可能覆盖知识点。

5. 增强孩子的效率意识

如今的社会是竞争的社会，也是高效者生存的社会，要从小培养孩子的效率意识，让孩子切实体会到高效率所带来的好处。增强孩子的效率意识先要增强孩子的时间观念，做任何事都要设定一个完成时限，不可以拖拖拉拉。另外，向孩子讲明，如果又快又好地完成了学习任务，不仅可以自由支配余下的时间，还能得到一些奖励。

6. 让孩子学会安排时间

家长要向孩子讲清楚：家里人的吃、睡、玩和学习都有规定的时间，规定孩子自觉安排学习时间，可以放学一回家就趁热打铁地进行学习，对当日学习内容进行加深巩固。这样严格要求，加强训练，就会提高单位时间内的学习效率，并形成良好的学习习惯。

四、有计划性的学习可以提高孩子的学习效率

古语说："授人以鱼，不如授人以渔。"授人以鱼，只供一饭；授人以渔，则终身受用无穷。学知识，更要学方法。具体到家庭教育来讲，家长在培养孩子学习能力的同时更应该注意培养孩子的学习方法。

帮助孩子学会制订适合自己的学习计划就是方法之一。制订学习计划是一种能快速提高孩子学习效率的学习方法。根据教育学家的研究发现，如果孩子在学习中能按照一个科学而合理的计划进行，那么学习效率可以大大提高。有计划性的学习不仅可以提高学生的学习效率，而且用这种方法学习的知识掌握得更加牢固。

请看下面的例子：

周云今年 13 岁，初中二年级。老师反映这孩子很聪明，平时上课反应快，接受新知识的能力很强，听课也很认真，可奇怪的是周云的学习成绩就是上不来。按理说他应该能在班级排上前几名的。可他始终都处在中等，老师也说不清这到底是怎么回事。

这让周云的家长非常着急。后来，周云的妈妈决定帮助孩子改变这种学习状况，于是她就开始注意孩子的学习情况、经过一段时间的观察。周云妈妈终于弄明白孩子成绩上不去的原因了。

原来，是周云的学习方法有问题，他的学习完全是机动式的，没有任何的计划和规律。例如周云妈妈发现，周云很聪明，但也很贪玩，他每天做作业的时间

很不规律，有时候小朋友叫他去玩，他可能就要等到睡觉的时候才能做完作业。有时候他很早就能完成作业还能预习很多没学到的功课。对于复习，他也是一样没有目的性和规划性，有一次月考之前，周云连续三天晚上都复习到后半夜才睡，妈妈问他为什么要学到这么晚，他说没办法，要不就复习不完了，以前没想到有这么多内容要看。

像这样，学习自然上不去。于是，周云妈妈就告诉周云说："你平时表现得挺好，但学习成绩一直上不去，你自己不知道为什么吗？那是因为你的学习方法有问题，你没有一个合理的学习计划，往往都是随遇而安，学哪算哪，这样怎么可能有好成绩呢？这几天妈妈和你一起制订一个适合你的学习计划好不好？"

周云说："妈妈，我这样学习惯了，一直没想到这件事。我当然也想考个好成绩，好吧，妈妈我和你一起做一个计划。"

于是周云和妈妈认真地研究了课本上知识的分布和老师的讲课进度，又按照周云的学习习惯和想法总结了以前的一些经验。最后他们制订了两套学习计划，一个是总的计划，是这一个学期的长期计划。还有一个是短期的，就是执行到下次月考前的。妈妈和周云说好了，一定要按照这份计划的规定去完成学习任务。值得高兴的是，这个办法真的收到了不错的效果，过了不到半学期的时间，周云的成绩就稳步地上升了很多。

从周云的例子，我们可以看出，是否拥有良好的学习计划，对孩子的学习影响很大。实际上，科学的学习方法正是建立在科学的学习计划上的。所以任何想要培养出成功、优秀的孩子的家长，不妨从教会孩子制订一个适合自己的学习计划开始。

那么，如何帮助孩子制订适合他的学习计划呢？我们认为，一份科学合理的学习计划必须满足以下两个条件：

1. 要确定学习目标

学习目标是指孩子在学习活动中想要在一定时间范围内达到的成绩标准或结

果。比如，在小学、中学想要取得的名次，各科成绩、一个月看多少本课外书等。学习目标对孩子的学习活动有定向、激励、增效和约束功能。有明确学习目标的孩子平时学习的动力足、热情高、韧性大、专注力强，学习成绩较好；而学习目标不清的孩子在学习时热情低、效率低、专注力差、随意性强，学习成绩一般较差。所以，制定明确的学习目标非常必要，对孩子的学习意义重大。

但要注意的是，学习目标的制定也需要技巧：

（1）目标定得太高，一时实现不了，势必会影响自己的信心；目标定得太低，过于容易达到，自己就不能得到充分的、有效的提高，而且可能会助长自满和狂妄的情绪；目标定得太死，缺乏灵活性，一切都来个条条框框，甚至具体规划到"几点几分干这个，多少分钟后再干那个"，不能随机应变，可能会使自己很快感到厌烦，难以继续坚持下去；目标定得太松，又根本起不到目标的作用。

（2）学习目标要便于对照和检查。如："今后要努力学习，争取更大进步"这一目标就不明确，怎样努力呢？哪些方面要有进步？如果改为："数学课语文课都要认真预习。数学成绩要在班级达到中上水平。"这样就明确了，以后是否达到就可以检查了。

2. 能科学安排时间

确定了学习目标之后，就要通过科学安排使用时间来达到这些目标。科学合理地安排时间需要注意以下三点：

（1）在安排时间时，既要考虑学习，也要考虑休息和娱乐。既要考虑课内学习，还要考虑课外学习，考虑不同学科的时间搭配。

（2）要找出每天学习的最佳时间，如有的同学早晨头脑清醒，最适合记忆和思考；有的则晚上学习效果更好，要在最佳时间里完成较重要的学习任务，此外注意文理交叉安排，如复习一会儿语文，就做几道算术题，然后再复习自然常识外语等。

（3）安排好常规及自由学习的时间。常规学习就是按照学校规定的学习时间学习，包括在校上课和在家做作业的时间，这部分时间应当根据学校规定和老师的要求去安排。而自由学习时间，是指完成老师布置的学习任务后所剩下的可由自己支配的时间。

五、成绩落后是由于缺乏学习效率意识

很多家长总以为智力差异是孩子学习成绩明显分化的主要原因。而实际上，对于更多学生，成绩落后是由于缺乏学习效率意识。学习效率决定了一个孩子在同等学习条件下取得成绩的优劣。帮助孩子提高学习效率，是促使其提高成绩的有效方法。

效率的高低，是一个人综合能力的体现。对孩子来讲，学习期间，效率意识决定其学业成绩；进入社会，效率意识决定其工作业绩，进而影响其事业和前途。在学生时代培养孩子科学的效率意识，拥有较高的学习效率，对他的一生都大有益处。所以，家长朋友们，如果你正在为孩子落后的成绩而焦头烂额，你要检查一下——看看你的孩子是不是学习效率太低，是不是因为你的孩子没有效率意识。

有这样一位女同学，她学习非常刻苦，全班没有谁能和她相比，大家给她取了个"学习机器"的外号，她在课堂上认真听课、课后认真完成作业自不必说。

据和她同宿舍的女生说，她几乎不会放过任何看书的时间，包括吃饭、走路、上厕所等，甚至说梦话也在记单词。班主任每每训斥那些不认真学习的同学时，总会拿她当训导的武器："你要是有某某同学十分之一的学习劲头，我保证你能考上北京大学或者清华大学。"谁只要看一眼她鼻梁上的那副像酒瓶底儿一样的眼镜，立即就会明白"书虫"是个什么样子了。

然而，令人遗憾的是，这个女孩的学习成绩却很一般。因此，许多同学私下里嘲讽她说："我要是学得像她那样昏天黑地，活着还有什么意思。"后来，这个女孩高考考了三年，才勉强考上了本地一所师专。

这样的问题在许多孩子身上都或多或少地存在着。面对这样的孩子，许多家长都非常为难，不知道怎么办才好。孩子已经很用功了，再抱怨孩子于心不忍。而孩子自己，肯定比谁都着急。面对这样的孩子，家长到底该怎么办呢？其实这都是因为孩子没有"效率意识"造成的。

通常来说，学习成绩最好的学生往往不是那些学习最用功的学生，而是那些摸索出了一套最佳的学习方法，学习效率高的学生。很多孩子同在一个屋檐下学习，成绩会有高低之分，是因为有人懂得什么是正确的学习态度，使用最适合自己的学习方法并最合理地安排学习时间——会学习比勤奋更重要。学习成绩好的学生，必定是学习效率高的人，成功也是如此！不同的人在同一时间从事同样的事情却效果迥异，这缘于每个人做事的效率有差别。所以，家长在家庭教育中要学会培养孩子的效率意识，不仅要告诉孩子，学习要讲究效率，做人处事更要讲究效率。效率意识是孩子将来取得成功的一大法宝。

至于如何提高孩子的学习效率，并不是一朝一夕的事情，家长可以从以下几个方面入手：

1. 让孩子自己教导自己

许多家长教育孩子时喜欢包办代替，这样很容易挫伤孩子的积极性，久而久之，孩子的惰性就产生了。让孩子自己从生活中学习，再应用于实践当中，也就是说孩子完成了一次自我教育，这样的学习无疑更有效。

2. 增强孩子的效率意识

如今的社会是竞争的社会，也是高效者生存的社会，要从小培养孩子的效率意识，让孩子切实体会到高效率所带来的好处。增强孩子的时间观念，做任何事都要设定一个完成时限，不可以拖拖拉拉。另外，向孩子讲明，如果又快又好地完成了学习任务，不仅可以自由支配余下的时间，还能得到一些奖励。

3. 让孩子学会安排时间

家长要和孩子讲清楚：家里人的吃、睡、玩和学习都有规定的时间，规定孩子自觉安排学习时间，可以放学一回家就趁热打铁地进行学习，对当日学习内容进行加深巩固。这样严格要求，加强训练，就会提高单位时间内的学习效率，并形成良好的学习习惯。

4. 营造良好的学习环境

为孩子创造一个温馨的、安静的学习环境，保证孩子全身心地学习，也能促进效率的提高。留一部分时间让孩子做自己擅长或喜欢的事。这样做可以减少失败的挫折，增加成功的经验，让孩子充满信心。

5. 让孩子在玩耍、娱乐中学习

爱玩是孩子的天性，有些家长看到孩子在玩，就特别不高兴，不但要孩子按时完成老师布置的作业，还要给孩子安排学习更多的东西。其实，家长不要一厢情愿地向孩子"灌"知识，这样会把孩子变成被动接受学习的"机器"，家长要根据孩子的心理发育规律，因势利导，因材施教，让孩子在游戏中愉快地学习，孩子的学习效率自然而然也就能得到提高。

6. 永远记住"学习时间长并不等于学习效果好"

要提高学习效率，就要了解孩子的学习心理规律，处理好"学"与"玩"的关系。经常可以看到家长抱着"望子成龙"的心态，送孩子去上各种各样的学习班，孩子们几乎没有时间玩。即使这样，孩子也不一定能学习好。如上面例子中的那个女生，几乎一天所有的时间都在学习，但是成绩并不好，也是这个道理。所以，过重的学习负担非但不会提高孩子的学习成绩，反而会造成孩子的心理障碍，影响学习。

六、不要因为考试成绩不好就全盘否定孩子

每位家长都会十分关注孩子的考试成绩，特别是每次大考的成绩。但是，有些家长对待孩子成绩的态度和行为不是很科学，往往会影响孩子今后的学习情绪，产生不良的后果。

家长重视孩子的考试分数是可以理解的，因为分数毕竟是学习状况的一种重要反映。但是，如果采取简单化的做法，对于指导孩子学习是没有好处的。如有的家长对孩子会这样说："快考试了，好好复习，争取得满分，考好了有奖励；如果考不好，你什么也甭想。"有的家长还会这样批评孩子："把成绩册给我拿出来……就考这成绩呀！我看你越来越没出息！"除此之外，还有连骂带训的，甚至还有大打出手、拳脚相加的。

其实，哪个孩子不想考好成绩啊？但是他们往往不知道自己的问题出在什么地方，怎样做才能学得好。家长只是训和骂，孩子仍然糊里糊涂；有的孩子确实很少玩，也很努力学习，但分数仍然上不去。分数是个现象，家长应该正确地看待孩子的成绩册，应动脑筋分析分数背后的诸方面原因。

有这样一个事例：

张东和杨军是一对很要好的朋友，两家是邻居，每天都一起上学、放学，但是两人的学习成绩却不一样。张东学习成绩很好，他是他父母的骄傲，也是他们

生活的小区中公认的好孩子。可是杨军的学习成绩却怎么也上不去，他的父母都觉得自己脸上无光。

每次考完试之后，杨军的家长对杨军的惩罚就开始了，不仅给他选择了大量的课外习题，而且不准他出去玩，每天都把杨军关在屋子里学习，偶尔还进行体罚。

这次，考完试之后，杨军考得特别糟糕，都不敢回家了，他自己一个人在街上待了好久。杨军的爸爸妈妈急坏了，找了好久。后来，在民警的帮助下，杨军的家长才找到了杨军。

可是杨军却不愿意回家，怕爸爸妈妈惩罚他。后来，杨军的爸爸妈妈都着急得哭了起来，杨军也哭着对他们说："我在学校里就是个学习不好的孩子，老师连回答问题都不愿意叫我，回家了你们都不管我，也批评我，我不想回去，是怕你们再罚我做题，我做得头都大了，想出去玩都不行……"

这时候，杨军的爸爸妈妈突然很后悔，他们从来就没想过孩子的心里是怎么想的，只顾着自己的面子，今天，他们的儿子好好地给他们上了一课。

家长不要因为孩子考试成绩上不去就全盘否定孩子，甚至把许多与学习毫不相干的事情都与他们不好的成绩挂上钩，这种做法不但不能激励孩子上进，反而会产生很多负面效果。

当然，更重要的是，只注重孩子成绩的父母对教育本身的理解就存在偏差！不妨让我们先来看看前人是如何理解教育的。鲁迅认为对儿童的教育，主要是"理解""指导"和"解放"，要培养他们"有耐劳作的体力，纯洁高尚的道德，广博自由能容纳新潮流的精神，也就是能在世界新潮流中游泳、不被淹没的力量"。蔡元培认为"教育是帮助被教育的人给他能发展自己的能力，完成他的人格，于人类文化上能尽一分子的责任，不是把被教育的人造成一种特别器具，给抱有他种目的的人去应用"，其原则是"展个性，尚自然"。陶行知主张"依据生活而教育"，要培养"活生生的人，有行动能力、思考能力和创造力的人"。依据他们对教育功能的论述，不难得出教育的目的是健全体魄、完善人格、发展能力、学会生存，而这些都必须以把孩子培养成"活生生的人"为前提。也许正是因为这样，从古到今，不计其数的成功人士在学生时代并无傲人的成绩单。

在大诗人郭沫若的故居里，至今还完好地保存着两张报告单：

一张是在郭沫若 16 岁读中学二年级时的成绩单，成绩是：修身 35；算术 100；经学 96；几何 85；国文 85；植物 78；英语 98；生理 98；历史 87；图画 35；地理 92；体操 85。

另一张是中学三年级第一学期的成绩单，成绩是：试验 80；品行 73；作文 90；习字 69；英语 98；地理 75；代数 92；几何 97；植物 80；图画 67；体操 60。

从以上两张成绩单看，按照现在很多父母对孩子的要求，郭沫若当时显然算不上特别优秀的学生，因为，他每一科的成绩并没有全部达到 90 分以上。虽说第二张成绩单上理科的代数、几何成绩是高分，但郭沫若后来并没有因此而成为数学家或医学家，却成了大诗人、大书法家。可见，读书有读书的规律，孩子有孩子的追求。为人父母者还是少点功利，多些开明，让孩子顺其自然发展为好。

那么，家长应该怎样对待学习成绩比较差的孩子？我们认为，作为家长，要先树立起孩子的自信心，让他知道自己不比别人缺少什么，别人能做到的自己也能做到。这并不是一蹴而就的事，要有打持久战的准备；要潜移默化，于细微处见功夫，急躁是要不得的；要先从每一件小事做起，可以是他们生活上的事，也可以是学习上的事，树立信心。

另外，孩子的学习成绩差，往往是懒惰造成的。孩子由于人生观、世界观尚未成熟，自控力不强，贪玩的天性驱使着他们逃避枯燥的学习，把精力放在了一些无意义的游戏玩耍上。作为家长，督促这些孩子的学习，就显得尤为重要了。在家中，家长要保证孩子有一定量的时间用来学习。

最后要强调的仍然是：不管孩子在考试中考了多少分，家长都要用全面的眼光来评价孩子；评价孩子不要只盯在考试成绩上，要从多方面评价孩子；注重孩子多方面能力的培养，如：文明礼貌、热爱劳动习惯、动手操作、善于观察、勤于动脑、善于思考、善于创新的能力，终身学习的愿望。学知识多少不重要，重要的是让孩子热爱学习。不光学书本是学习，学习书本以外的有用的东西同样是在学习。

所以，你如果想把自己的孩子培养成为真正的英才，而你的孩子成绩又很差的话，千万不要难为你的孩子，而要用更加全面的眼光看待你的孩子。

第二章
再不为孩子的成绩操"碎"心

一、把学习当成最重要的事情做

在小学语文课本里，有一则关于"知了"的寓言，讲了一个简单的、人人都懂的道理。

传说远古时期，知了是不会飞的。一天，它看见一只大雁在空中自由地飞翔，十分羡慕。于是就请大雁教它学飞。大雁爽快地答应了。

学飞非常辛苦。知了怕受苦，一会儿东张西望，一会儿爬来爬去，三心二意学得很不认真。

大雁告诉它飞的要领，它只听了几句，就已经厌烦了；大雁让它多加练习，可它只练了几次，就非常自满地说："知了！知了！"

秋天到了，大雁要飞到南方去了。大雁飞走后，知了也想展翅翱翔，但竭尽全力都无法飞起来，即使飞起来，也飞不高。

这时候，知了想起大雁在万里长空飞翔，真懊悔自己当初没有努力学习。可是，为时已晚，大雁已然飞走了，它只好叹着气，唱道："迟了！迟了！"

道理虽然简单，但违背者不在少数。现实生活中有许多人，正是先唱"知了"，又唱"迟了"，最后"故国不堪回首"，"流水落花春去也"。

荀子的《劝学》开篇就告诉我们"学不可以已"，即不能停止学习。只有学习，我们才不会落后。《三字经》上也说"子不学，非所宜。幼不学，老何为。玉不琢，不成器。人不学，不知义"。意思非常清楚，是说孩子小时候不学习肯定是不合适不应该的。年轻时不学习，老了还能干什么？一块玉石不经雕琢是不能成为一件玉器的；人不学习就不知道什么是对什么是错，什么是合适什么是不合适的。

学习的直接目的是为了求知，而这个时代最为需要的，就是拥有知识的人才。所以，在给孩子补充物质营养的同时，不要忘了为他的精神充电。在这个需要人才的时代，只有不断学习，不断读书，不断给精神的荒漠施肥才不会让孩子被淘汰。

事实上，知识对于孩子的重要性不仅仅在于让他将来能安身立命，知识更是孩子健康成长的关键。

培根说过，求知可以改进人性，而经验又可以改进知识本身。人的天性犹如野生的花草，求知学习好比修剪移栽。读史使人明智，读诗使人聪慧，学习数学使人精密，哲学使人深刻，伦理学使人高尚，逻辑修辞使人善辩。由此可见，"知识能塑造人的性格"。

同时，一个人精神上的各种缺陷，都可以通过求知来改善——正如身体上的缺陷可以通过适当的运动来改善一样。例如打球有利于腰背，射箭可扩胸利肺，散步则有助于消化，骑术使人反应敏捷等。同样的道理，一个思维不集中的人，他可以研习数学，因为数学稍不仔细就会出错。缺乏分析判断力的人，他可以研习形而上学，因为这门学问最讲究细琐的辩证。不善于推理的人，可以研习法律案例。如此等等。种种精神方面的不足，都可以通过学习而得到改善。

孩子正处于学习的最佳年龄，所以，一定要让他们养成刻苦学习的良好习惯，把学习当成最重要的事情去做。

二、给孩子营造一个好的学习环境

孟子小时候父亲就去世了。他家境非常贫寒，只能住在城外的破房子里，破房子在墓地旁边。由于经常有人出殡办丧事，小孟子生活在这样的环境当中就受到了熏染。所以小孟子从小就跟小伙伴们学人家哭丧。没事就哭着学各种各样的丧仪，这当然对孩子成长不利。孟母看在眼里急在心上，后来把家搬到市集上。而隔壁恰好是个肉铺天天要杀猪卖肉，天天要剁肉。小孟子没事干又学着肉铺伙计天天也在那剁肉，然后学人家讨价还价，变成了一个卖肉的小孟子。孟母当然更着急了，要知道，当时人们是看不起商人的。孟母咬咬牙再搬家。这对一个生活很贫寒的家庭讲是非常艰难的事。孟母这一次搬到一所学校附近，弦歌不绝书声琅琅。孟子受到了学校的熏染从此开始学打躬作揖，因为这是师生间的规矩。又凭耳朵听学着背书，言行也变得彬彬有礼。

这就是"孟母三迁"的故事。这个故事说明，为了孩子成长父母必须给孩子营造一个好的学习环境、生活环境和成长环境。

如果把一个孩子比喻成花朵的话，那么他的成长和教育环境就是花朵所赖以生长、赖以开放的土壤。我们应该为学习中的孩子准备什么样的土壤条件？我们应该给他创造什么样的外部环境？这是每一个家长都必须考虑的事。

1. 浓厚的文化氛围

有调查表明，知识分子家庭中孩子的学习成绩相对于其他类型家庭中孩子的学习成绩普遍要好。鉴于学生的独立意识日益增强，个人处理问题的能力不断发展，家长可以给孩子一定的自主权，指导他们根据实际情况订阅有助于开阔视野、陶冶情操、促进学习的报纸、杂志，并培养他们的阅读兴趣。在学习之余，也要让孩子得到心灵的滋养，阅读一些课外书籍。这一方面有助于他们身心的健康成长，另一方面也可以为他们提供更多的学习机会。

2. 和睦民主的家庭气氛

在当前的学生群体中，优秀生与后进生家庭学习环境的差异不是体现在住房面积的大小上，更重要的是体现在家庭成员之间的关系以及家庭娱乐等方面。心理学家海尔特研究发现："双亲不和比双亲不全有更坏的影响。"如果家庭内部关系紧张，或父母热衷于打扑克、搓麻将，久而久之，势必会给孩子的学习造成严重的影响。所以，为了孩子的学习，家长应有意识地创造一种和睦、民主、轻松、互敬互爱的家庭情感氛围，选择积极、健康、向上的家庭娱乐方式，如体育锻炼、远足、旅游等。处在这种家庭环境中的孩子，往往精神愉快，充满自信，求知欲强，学习主动。

3. 创造适合孩子学习的心理气氛

长辈与长辈之间、长辈与晚辈之间互相关心，亲密融洽，是孩子"入境"、"入静"的重要条件。家庭人际关系如果不和谐，矛盾重重，甚至吵吵闹闹，对孩子就成为一种心理干扰、情绪压力，孩子会产生焦虑、恐惧、厌烦等心理，无法安心学习。

4. 适合孩子学习的房间布置

孩子的房间布置应简洁、明快，摆放物品不能太多太杂。墙壁以淡色为好，不要贴、挂很多东西，应该有一条关于学习的格言或座右铭，最好由孩子自己选择，或由孩子自己编写格言、警句，抄好贴在墙上。房间的布置适当考虑孩子的个性特点。比如有的孩子特别好动，房间就应减少大红大绿、花色斑驳的东西，以免助长不稳定的情绪。有的孩子过于内向、沉闷，房间的布置反而需要热烈、活泼一些。

5. 安静的学习环境

孩子学习时，家人尽量保持安静，电视、收音机最好不开。如果在不同的房间，应把门关好，声音调小。说话不应大声，尤其不要吵架。

6. 和孩子一起学习

如果条件允许，每天晚上几点到几点，全家人都同时学习，有的读书，有的看报刊，有的写东西。这样的家庭气氛最能促进孩子专心学习。

7. 给孩子一个良好的家风

古时候，有一个宰相的妻子非常重视儿子的前途，她每天不辞劳苦地劝告儿子要努力读书，要有礼貌，要讲信用，要忠君爱国等。而宰相却是早上离开家去上朝，晚上回来则看书。爱儿心切的夫人终于忍不住说："你别只顾你的公事和看书本，你也该好好地管教管教你的儿子啊！"这宰相眼不离书地说："我时时刻刻都在教育儿子啊！"

"国有国法，家有家规"。具体在家庭中就体现在一种风气上，这种影响是不易察觉却深远的，家长应时刻注意。构成教育环境的因素不仅有物质的，还有精神的。这种精神因素的一个重要表现：风。

"风"，就是风气，它是人类社会特有的一种精神存在，是特定社会单位精神面貌的集中体现。家有家风，国有国风，这种特有的风气一旦形成，就会成为一种重要的教育力量，它对于陶冶未来一代的性格，具有其他教育力量所无法替代的作用。

曾经有人对在 30 岁左右便取得突出成就的 100 名科学家、文学家、艺术家作了一个调查，分析后发现他们的家庭都具有良好的家风，他们的父母都有良好的学习精神和学习习惯，对于学习和工作始终保持着锲而不舍、精益求精的严谨态度，平时都喜欢读书、看报、学习，参加文艺、科技等活动，也使得家里充满浓郁的学习气氛。

我国历史上也有很多大学者，远至司马迁，近到钱钟书，他们的成就与他们家学渊源、书香门第有着密不可分的联系。孩子生活在一个弥漫着浓厚的学习气氛、有着良好家风的家庭环境里，自然而然就会耳濡目染。良好家风会潜移默化地影响孩子的身心。所以，家长不管本身文化水平如何，都应该以身作则，重视"风"气的影响和教育作用，为孩子做出一个学习的好榜样，让他们在好的环境里不断进步。

那么，为了充分发挥教育的作用，为了建设真正良好的家风，作为一家之长应从哪些方面努力呢？

首先，任何良好的风气都不是自然形成的。在家风建设中，父亲的个人作风、精神风范，对于每个家庭都有重要影响。当然，我们也不排除母亲有时在家风建设中处于主导地位。但父亲的倡导和训诫，父亲的身体力行对于孩子教育是有决定作用的。

其次，家风建设并非一个人所主宰，必须调动全家人共同努力，使之成为全体家庭成员的自觉行动，才能取得成效。为此，应该特别注意父母的团结和一致，这样对于建设良好家风有着积极作用。

第三，在建设良好家风的过程中，还要随时注意防范不良风气的影响和干扰。良好家风的建设过程实际上也是一个不断抵制与克服不良思想影响、排斥不良风气的过程。

家长是孩子的榜样，孩子又容易受环境的左右，所以，为了孩子的成长和将来，让我们树立良好的家风吧！

三、兴趣是推动学习的动力

每一位望子成龙、望女成凤的家长都希望自己的孩子能够顺利地完成学业，取得优秀的学业成绩，可是又有多少孩子能像他们期望的那样呢？特别是看到自己的孩子对学习提不起一点热情的时候，看到孩子面对作业抓耳挠腮的时候，家长们当真是看在眼里，急在心里。

要使孩子提高学习成绩，首要的是培养孩子对学习的浓厚兴趣，兴趣是推进学习活动的一种动力。一个对学习产生浓厚兴趣的孩子会自觉地克服困难，达到预定的目标。

兴趣是人对事物或活动所表现出来的积极、热情和肯定的态度，并因此产生参与、认识和探究的心理倾向。兴趣是引起和维护注意的重要因素，对于感兴趣的事物，人们总会主动地去探索它，使活动过程或认识过程不是一种负担。因此。兴趣是学习的巨大动力，是学生主动进行学习和研究的精神力量。学生兴趣的培养是教学成功的前提。

只有孩子对要学习的东西产生了浓厚的兴趣，他才可能被激发出令人吃惊的学习热情，才能做到事半功倍，才能从一无所知变成样样精通的高手。在这种令人吃惊的蜕变中，"兴趣"起到了无可取代的作用。

大家可能都有这样的体会，有时候想让自己的孩子学习一点专长，例如弹钢琴、学书法、学英语等，我们可以花钱给孩子买钢琴，也可以花钱为孩子请家教，唯独不能保证孩子的学习热情。如果孩子不喜欢你给他选择的东西，你越是逼孩子学，他的逆反心理越强，即使迫不得已坐下来学习，相信也不会有好效果，更谈不上取得我们期待的成绩了。曾经有一个孩子为了反抗父母强迫他学钢琴，不惜剁掉了自己的手指。在这血淋淋的事实面前，我们每个人是不是都要认真地反思一下，我们在教育中到底丢掉了什么？孩子们现在接受的教育是他们真正想要的教育吗？

孩子对某一事物认识的目的越明确、具体，对该事物的兴趣就越大。培养孩子学习兴趣也是这样。有明确目的支持的学习兴趣，才是深刻的、稳定的和持久的。家长要教育孩子懂得学习的重要性，告诉他如今的时代是知识经济时代，是竞争的时代，没有知识就要落伍。只有从小掌握科学文化知识，将来才有竞争的实力，才能取胜，用所学的知识为国家做有益的事情。

那么，在培养孩子的兴趣方面，家长能做到哪些呢？

1. 尽量满足孩子学习上的合理要求

有一个女孩，从小对天文发生了兴趣，看了不少有关天文的科普书籍，还经常在夜间对着天上的星星发呆。有一天，她告诉妈妈想要一台天狼牌天文望远镜，对这一合理的要求，妈妈和爸爸商量后很快就同意了。小女孩从此就和天文结下了缘，多年之后，高考填报志愿时，拒绝了父母要她报考复旦大学工商管理系的建议，毅然报考了中国科技大学物理系，从此走上了她研究天文的人生之路。

2. 尊重孩子自己的意愿

各个孩子爱好不同，家长应仔细了解孩子的兴趣，不要硬性叫孩子学这学那。事实证明，小时候培养兴趣往往能为一生的事业奠定基础，做父母的要尊重孩子自身学习兴趣的发展规律，促进孩子健康成长。

3. 让孩子了解各学科的学习目的

家长要告诉孩子各个学科的学习结果是什么，为什么要学习该学科。当孩子对某一学科没有太强的兴趣时，让他们了解该学科的最终目标很有必要。学习过程多半都是要经过长期艰苦努力的，这种艰巨性往往让人望而却步，而学习又是学生的天职，不能不学，所以要让孩子认真了解每门学科的学习目的。可以指导孩子看书上的绪言部分，听老师介绍学科发展的趋势，或从国家、社会的发展前景的高度去看待各门学科。例如，记外语单词和语法规则，常常是枯燥无味的。但记住以后，会给听、说、读、写、译等技能的提高带来很大的帮助，而且考试中也会得高分。如果孩子对学习的个人意义及社会意义有较深刻的理解，就会认真学习各门功课，从而对各科的学习产生浓厚的兴趣。

4. 从可以达到的小目标开始

在学习之初，学习目标不可定得太高，应从努力可达到的目标开始。不断地进步会提高学习的信心。不要期望在短期内将成绩提高上去，有的学生往往努力学习一两周，结果发现成绩提高不明显，就失去信心，从而厌恶学习。这时候，家长就要鼓励孩子持之以恒地努力，一个一个小目标的实现，是实现大目标的开始。

5. 培养孩子的成功感

家长除了对孩子进行合理的奖励外，还应该鼓励孩子进行自我奖励。比如在学习的过程中每取得一个小的成功，就进行自我奖赏，达到什么目标，就让孩子给自己什么样的奖励。有小进步，实现小目标则小奖赏，如让自己去玩一次自己想玩的东西；有中进步、实现中目标则中奖励，如买自己喜欢的书画或乐器等；有大进步、实现大目标则大奖励，如周末旅游等。这样通过渐次奖励来巩固自己的行为，有助于产生自我成功感，不知不觉就会建立起直接兴趣。

6. 引导孩子转移兴趣

每个人在儿童时期都有自己特别感兴趣的事，如爱玩汽车、爱搭积木等。到了高年级后，家长就应当引导他们去发现、了解与爱好有关的知识，如怎样当个好驾驶员，汽车是如何发动的，汽车的构造原理是什么，孩子所学的知识中哪些和它们有关系？这样就把对学习的兴趣在原有的基础上发展起来。爱因斯坦读中学时只对物理感兴趣，不喜欢数学，后来他深入研究物理时发现数学是其基础，便又产生了对数学的兴趣。又如孩子对语文基础知识的学习不感兴趣，而对写作非常感兴趣，这样家长可以引导他通过写作练习，体会出语文基础知识的学习对写作的重要意义，从而增强对语文基础知识学习的积极性。

7. 在实践中确立稳定的兴趣

用学得的知识解决实际问题，一是能巩固知识，二是能修正知识，三是能带来自我成功的喜悦情绪。这种喜悦情绪正是建立稳定持久的兴趣所必需的。

8. 保持兴趣最容易的方法是不断地提问题

当孩子为回答或解答一个问题而去读书时，他的学习就带有目的性，就有了兴趣。准备一些问题是很容易的，仅仅把每节的标题变成问题就是了。例如学习阿基米德定律时，你可问：阿基米德定律的内容是什么？它是怎样被发现的？怎样证明它的结论是对的？它的公式是什么？使用它应注意哪些问题？能否用其他的办法推出？为了回答这些问题，一开始强迫孩子详细看下去，但是，一旦他真正往下看，就会被吸引住。

9. 想象学习成功后的情景，激发学习兴趣

当我们满腔热情地去做一件事前，一般都对它的结果有了预期的想象，而坚持去做这件事情。例如你想象某部电影非常好看才会去看，假如你事先想象这部电影不好看，那么你一定不去看；厨师想象自己做出来的佳肴是什么味道，继而辛苦劳作；作曲家想象自己作出的曲子会产生什么样的声音，从而激发他的创作热情。所以，可以让孩子想象考试成绩优秀，可以顺利进入大学，为家庭为社会做出贡献，为个人创造好的前程：也可以想象考试成绩优秀，得到老师、家长的赞扬，得到同学们的羡慕等，从而激发学习兴趣。

10. 积极期望

积极期望就是从改善学习者自身的心理状态入手，对自己不喜欢的学科充满信心，相信该学科是非常有趣的，自己一定会对这门学科产生信心。想象中的"兴趣"会推动孩子认真学习该学科，从而对此学科真正感兴趣。一名学生对学习地理毫无兴趣，怀着一种焦急的心情等待下课铃声。为了培养对地理的兴趣，他做了这样的练习："我喜欢你，地理！"重复几遍之后，他觉得地理不像从前那样枯燥无味了。第二天他在图书馆借了一本有关地理的书，回家后，收拾一下房间，高高兴兴地读了起来，再上地理课时也开始听老师讲解了，后来很喜欢地理，总是急不可待地盼着上地理课。

总之，在孩子的学习中，兴趣开发永远应该放在第一位，兴趣永远是最好的老师。为父母者，心要细，气要顺，手要慢，要激发孩子的学习兴趣，孩子自己当然也要千方百计努力去培养自己对学习的兴趣。

四、让孩子体会知识的作用

求知欲，就是对知识的学习具有一种内在的渴望。孩子只有"爱学"，对获得丰富的知识和好的成绩具有一种内在的持续的追求愿望，才可能"学好"，并持续地保持好成绩。作为父母，需要学会如何激发孩子的求知欲。

1. 要认真对待孩子的每一次提问

孩子的世界里充满着"十万个为什么"，对于他们来说，未知世界的一切都是那么奇妙。作为家长，要妥善对待孩子的每一次提问。

爱迪生小时候就是个充满了好奇心的孩子。有一次，到了吃饭的时候，仍不见小爱迪生回来，他的父母都很焦急，四下寻找，直到傍晚才在场院的草棚里发现了他。父亲见他一动不动地趴在放了好些鸡蛋的草堆里，就非常奇怪地问他："你这是干什么？"小爱迪生却不慌不忙地回答："我在孵小鸡呀！"原来，爱迪生是看到母鸡能孵小鸡，觉得很奇怪，他就想自己去试一试。爱迪生好奇爱问。由于他问的问题太多，他家的大多数成员甚至都不想回答。但是，他的母亲总是试图帮助他。也正是他母亲的耐心和帮助，才促使爱迪生喜欢上了科学，后来成为世界著名的"发明大王"。

2. 让孩子体会知识的作用

孩子的求知欲往往表现出随意性，今天对这个特别喜爱，明天对那个非常热衷，再过两天可能对什么都不感兴趣。为了让孩子的求知欲具有持续性，家长首先要掌握孩子学过哪些知识，然后在与孩子的日常交流中，设法用到这些知识，让孩子体会到所学知识的作用。父母应时常留心发生在孩子身边的各种事情，尽量用孩子学过的知识向他解释。当孩子经常体会到所学知识的作用后，这些经历往往就能激发他的求知欲。

3. 要让学和玩结合起来

学习是辛苦的，玩是快乐的，而孩子是无法意识到苦与乐的辩证关系的。因此，在孩子的学习过程中，父母不能过于严格、过于严肃，以免使孩子对学习产生惧怕。适当地运用一些近似于游戏的方法，可以提高孩子的学习兴趣。也可以在孩子玩的时候，适当地引导他玩一些有知识性的内容。比如，当孩子们在无意义地乱跑、乱叫时，可以建议他们来个数数游戏、唱歌比赛等，孩子往往同样玩得很快乐。这么一来，学和玩便有机地结合起来，孩子就可以在快乐中不断地学到知识。

4. 让孩子生活在书籍的海洋中

心理学研究表明，当孩子随处都能接触到书籍时，他的阅读兴趣就容易被激发。所以，让孩子的身边充满不同种类的印刷品，包括报纸、杂志、书籍、辞典……是让孩子爱上读书的一个好方法。所以，不要把你家的书籍束之高阁，而是放在孩子随手可以拿到的地方，餐桌、床头、沙发靠背甚至汽车后排座位上。从孩子很小开始，你就可以给他一些旧报纸、旧杂志，任凭他把它们撕得七零八落。慢慢地，在家里确立一个看书或者讲故事的时间，让阅读成为一种习惯，并且让孩子从中感受到乐趣。

5. 从小孩子的爱好入手引导

如果孩子迷恋恐龙,你可以经常带他去自然博物馆,或者到图书馆里给他借一些史前动物的画册,当然适当的时候也可以买一些模型玩具,随时在家里上演"侏罗纪大战"。不要对孩子迷恋一些冷僻的知识而失望或担忧,恰恰是这种独一无二的爱好更能够维持得长久。所以,尝试从婴儿期开始捕获和培养孩子的兴趣点吧。最简单的做法就是让他尽可能多地接触外界事物,并且给他足够的时间去探索和发现。

五、塑造孩子学习的好习惯

大哲学家柏拉图曾毫不留情地训斥一个小男孩,原因是这个孩子总迷恋于一个很愚蠢的游戏。

小男孩很委屈地说:"您就为这一点小事而谴责我?"

"偶尔做是小事,经常这样做就不是小事了。"柏拉图回答说,"你会养成一个终生受害的习惯。"

也正如马基雅弗利所说:人的性格和承诺都靠不住。靠得住的只有习惯。

心理学研究表明:21天以上的重复会形成习惯;90天的重复会形成稳定的习惯。即使同一个动作,重复21天就会变成习惯性动作。同理,同一个想法,重复21天,或重复验证21次,就会变成习惯性的想法。所以,引导孩子养成良好的学习习惯是非常重要的,要知道,优秀也是一种习惯。

孩子成绩不好的主要原因之一是学习不自觉。父母应当科学地塑造孩子学习的习惯,从小让孩子养成学习的好习惯,以此提高他的学习效率。

那么，孩子在学习方面应该养成哪些好习惯呢？父母具体可以参考以下方法：

1. 培养孩子专心致志的学习习惯

有些孩子学习成绩差，其主要原因是一心多用，注意力不集中。注意力不集中是导致孩子课堂学习效率低的主要因素。父母不可不矫正孩子上课时易走神的不良习惯。

不论是谁，不可能同时高质量地做好两项或两项以上的事情，如果硬要同时做，必然使每件事的完成质量都有所降低。所以，一心二用不利于提高学习效率，学习就应该专心致志。专心致志，是每一个孩子必须养成的学习习惯。

2. 让孩子习惯课前预习

预习能够让孩子联系以前的知识，发现新问题，能把自己理解不了的问题带到课堂上，更好地听老师讲解。这样既能培养孩子的自学能力，又能提高孩子听讲的兴趣和效果。

3. 培养孩子课后复习的习惯

复习的目的是"温故而知新"。一般情况下，人刚记住的东西最初几小时内遗忘速度最快，两天后就较缓慢。因此，要巩固所学知识，必须及时复习，加以强化，并养成习惯。

4. 让孩子习惯于清晨读书

书籍是人类进步的阶梯，阅读是开启孩子智慧之门的金钥匙。聪明的父母都会让孩子拥有爱读书的习惯。但在生活中，大多孩子喜欢睡懒觉，不肯早起，常常是匆匆起来，蓬头垢面地就往学校跑，结果还是迟到，闻鸡起舞，那才是孩子们应学习的榜样。所以，清晨早起读书是一个好习惯，这也要从孩子小时候养成。

5. 孩子学习要有条理

学习用具的收拾要有规律，书本存放在书包或书桌上要有一定的次序，做各科作业要预先安排好时间等。东西存放无规律，要用时东寻西找，一定心烦意乱，极易影响学习情绪；做作业不讲条理，东一榔头西一棒子，学习效率就很低。

6. 使孩子养成认真做作业的习惯

做作业草率是孩子学习上的通病，而这一习惯又会很大地影响孩子的学习。父母要下决心矫正孩子做作业马虎的坏习惯，让孩子养成认真写作业的好习惯。

认真做作业的习惯与学习态度是密切联系在一起的。这一习惯的养成对于学生良好意志品质的培养也有着十分积极的意义。所以，父母要告诉孩子端正做作业的态度，提出及时、认真、独立完成作业的具体要求。

7. 帮孩子养成良好的写作习惯

一种良好写作习惯的形成，能够使孩子的写作进入一种良好的惯性状态，当然也能增强写作能力。孩子不一定要模仿作家的写作习惯，而应当培养起他自己良好的写作习惯。比如，每天坚持写日记，遇到感兴趣的东西就动笔记下来，读书时写下自己的感想、评论等。这样长期坚持，形成习惯，写作水平自然会不断提高。

总之，习惯的养成不是一朝一夕的事，需要父母的耐心培养，要订计划定要求，勤检查严督促，直到孩子的良好习惯养成。

六、不要增长孩子的惰性与优越感

一位母亲说，自从儿子考上浙江的一所重点大学后，她就跟随儿子来到大学城陪读，管着孩子的饮食起居，孩子只一心一意地读他的圣贤书。听她说，在这个大学城附近，陪读的父母多达数百人。

可怜天下父母心。不可否认，这些家长的愿望是好的。然而，家长陪读，对孩子的学习和成长都极为不利。陪读让孩子过着衣来伸手、饭来张口的日子，不仅使孩子有强烈的依赖感，增长孩子的惰性与优越感，还不利于孩子自理、自控能力以及综合能力的培养。父母陪读也许可以最大限度地减少孩子走弯路、走错路，但路终究是要孩子自己走的。过多的保护，只能让孩子犹如温室里的花朵，一旦有什么挫折、打击，就一蹶不振。增强孩子的自理能力，才是育人的根本。

父母陪读，实际上体现出父母对子女学校教育过程的过度参与，学校教育毕竟是家长不可取代的。学校既是一个学习的地方，也是能锻炼孩子的地方。让孩子在学校过集体的生活，可以使其学会打理自己的饮食起居，逐渐学会自立；同时还可让孩子与同学打成一片，在学习、生活上互相帮助，学会处理好人际关系。因此，家长应该从长远考虑，取消陪读，让孩子在学校这个大集体中得以锻炼，从而健康成长。

孩子的学习离不开家长的帮助和指导，但是不能帮助过分，不能包办代替，不能无止境地帮助。学习的过程是一个独立完成的过程，人们的知识主要是通过学习获得，谁学习，谁获得。作为家长不可能每天都跟着孩子一起学习，要尽快地让孩子养成独立学习的习惯。谁能让自己的孩子尽早养成独立学习的习惯和形成正确的思维方式，谁就会尽早地跳出陪读境地，让孩子独立走向人生。好学生都是独立性非常强的孩子，依赖性越强，对孩子今后的发展就越不利。家长如果把自己的孩子培养成为一个依赖性很强的人，那家长实际上是对子女的不负责任，是一种教育的误区。那么，如何培养孩子独立学习的能力？

首先，要给孩子建立时间观念，要让孩子懂得做事抓紧，当孩子能够抓紧完成一件事情的时候，要及时给予赞扬。

其次，要养成规律的作息时间，比如定时就餐、定时睡觉，家长的言传身教都很重要，比如说家长要少看电视，利用晚上做一些静态的活动，比如看书或者是准备工作上的事，这些都是对孩子是一种良好的示范。

第三，有意培养孩子独立学习能力，从而自觉养成良好学习习惯。反之，也可以理解为有了良好的学习习惯，孩子就能自觉独立学习。培根说，习惯是一种顽强的巨大力量，它可以主宰人生。孩子从小就养成热爱学习、勤于思考、勇于探索、虚心求教的良好习惯，就会为今后的深入学习奠定扎实的基础。

第四，尽可能地给孩子一个独立的学习空间，比如有自己的房间，自己学习的课桌椅，定时去学习，让孩子能够按时正确地去完成作业。注意培养孩子集中精力，提高注意力，培养他的自制能力，这样孩子才能够专心学习。

七、引导孩子消除厌学症

在进行学生心理咨询的工作中，常听到家长说："老师们都说这孩子聪明，如果能把玩的心思放在学习上，在班上就能成为尖子学生。可他就是贪玩，不爱学习，学习成绩差，经常亮红灯……"

　　这其实是学生厌学心理的表现。厌学心理，是学习障碍中的一种表现，也是一种心理障碍。其表现包括注意力涣散、学习被动、丧失兴趣、没有时间紧迫感、对学习不当一回事、做功课不认真。

　　厌学会使孩子背上沉重的心理负担，情绪压抑，意志消沉，对人生缺乏积极向上的态度，学习上的思想障碍还容易造成孩子强烈的逆反心理，会加深孩子与家长、教师之间的心理鸿沟。家人关系处理不当，精神紧张，反过来会加重孩子心理上的不平衡，导致孩子出现更多生理上的不良反应。

　　从医学上讲，厌学症也可能出现一些生理症状，如头痛、恶心、昏昏欲睡、没有胃口、心跳过速和头晕等。如果孩子不去上学而是待在家里，这些症状就会消失。

　　但是，有厌学症表现的孩子不仅大多智力正常，甚至不少智力超常，可见，厌学症大多是非智力因素造成的。

　　具体说来，厌学症的病因大概有下列几种：没有正确的学习动机，缺乏学习的心理动力，这一点与在家庭中受到过分娇惯有关；对所学的知识内容缺乏兴趣；与老师和同学之间均未建立良好的关系，或自尊心受到伤害，对学校有消极情绪；缺乏吃苦耐劳和坚忍不拔的意志，只爱听表扬的话，经不起批评和挫折，心理自卫能力差。

　　家长应该如何对待厌学的孩子呢？这里建议家长从以下几个方面入手：

　　首先，帮助孩子确立正确的学习方法。合理利用时间和大脑，不搞疲劳战术，以质取胜。

　　第二，培养孩子良好的学习习惯。家长对孩子的学习原则上可以指导，但绝不包办代替，让孩子在学习的过程中确立责任感和独立性。

　　第三，调动孩子的学习兴趣。注意使用不同的引导方法，如综合运用听、说、读、写，避免学习时间过长使孩子心理上产生厌烦情绪。有条件的家庭还可以配合录音、录像等电化教学手段，提高孩子的学习兴趣。

　　第四，帮助孩子同老师建立良好关系。培养他与同学进行交往的能力，改进心理上对集体生活的适应能力。

　　需要提醒家长的是，不要轻易在孩子回避学业要求时松口。家长关注孩子的心理健康很对，但如果孩子一出现学习心理问题，就完全顺着孩子非理性的思路来满足他们的要求，也是一种把孩子的问题严重化的歪曲认知，结果可能会使孩子的心理越来越脆弱。

第三章
孩子应该怎样学习

一、高分吃掉孩子的学习欲望

分，分，分，学生的命根。很多父母都认为考高分就是好孩子，殊不知，正是这"高分"吃掉了孩子的学习欲望。

在中国许多父母只关心孩子的分数，而不是求知欲。这么做的结果将导致培养出的是只会考试的"专才"。其实，求知欲比分数更重要，做父母的切不可用分数"埋葬"孩子的求知欲。

铃木镇一之所以能成为世界大教育家，原因在于他有一位与众不同的父亲。

铃木镇一上小学时，日本的升学竞争很激烈，所有家长关心的都是孩子的学习成绩。分数像座大山一样压得孩子们有点喘不过气。但铃木镇一的爸爸对他的成绩要求却不高，每门功课只要考 60 分就行了。

"60 分怎么行？"儿子不解地问。

"60 分怎么不行？"爸爸反问道，"60 分就代表及格了，及格了就表示合格。你想想，工厂的产品合格了就能出厂。既然你已经合格了，儿子，你没有必要把全部的精力耗费在争名夺利上。考第二名非要争第一名，考 90 多分非要争 100 分，一次 100 分不够，非要次次 100 分。儿子啊，求知是人世间最大的欢乐，如果你成天想到的只是考试分数，那么，求知不就变成一种无尽的苦难吗？"

铃木父亲一语道破了求学的最高目的，那就是培养孩子的求知欲。

儿子陡然觉得身轻如燕，兴奋起来了。但转念一想，不对，忍不住问道："爸爸，这样学习就太轻松了，空闲时间做什么？"

"你永远记住爸爸的话，其他时间用来博览群书，把求知的欢乐还给自己。"

爸爸的话深深地印在铃木的脑海里，铃木使劲地点了点头。

从此，铃木镇一就按照爸爸的教导，在功课上花的时间不多，学习成绩中等，而他读过的课外书是全班同学的十几倍。他在阅读了大量的课外书籍后，感觉到应该还要读天理：读每个生命——这本无字的天书，读大自然——这本无字的百科全书。

假如没有生命力，地球早已一片荒凉。

大自然激发了他无穷的遐想，也给了他无尽的灵性。

有一天，他在风景如画的大自然中，发现一个亘古不变的现象。地球上有那么多的灾难：风灾、水灾、旱灾、地震、火山爆发，为什么世上万物总是显得千姿百态，生机勃勃？这究竟靠的是什么力量？

他在寻根求源，试图解开这个谜团。

人的顿悟产生于瞬间。大自然生生不息靠的不就是生命的力量？假如没有生命力，我们的地球将会是一片荒凉。从此，铃木镇一的人生哲学发生了转变。衡量任何事能不能干好的关键，就是看它有没有生命力。有生命力的事就是再弱小，也会强大起来，变成滚滚洪流；而缺乏生命力的事必然会逐渐衰弱，直至走向死亡。

接着他到德国学小提琴，结识了当代最伟大的科学家、思想家爱因斯坦，而且受到爱因斯坦的巨大影响。

如果中国的父母和老师都能潇洒到让孩子考及格就行了的话，世界上又会增加多少教育家、科学家呢？

二、孩子的兴趣靠我们呵护

学习对有些人来说是一件枯燥乏味的事，但对另一些人来说却又是其乐无穷的，孩子对一件事物的兴趣要靠我们去培养和呵护。

一个女孩曾记录了自己的"学琴"体会。

用姐姐的话说，我在音乐方面简直是"白痴"。在她听来，我拉的小夜曲就像在锯床腿。我感到很沮丧。我不敢在家里练琴，直到我发现了一个绝妙的好地方——楼后面的小山上，那儿有片很茂密的林子，地上铺满了落叶。

那天早上，我蹑手蹑脚地走出家门，心里充满了神圣感，仿佛要去干一件非常伟大的事情。林子里静极了，我在一棵树下站好，心剧烈地跳起来。我郑重地架起小提琴，拉响了第一支曲子。

但事实很快令我沮丧了，似乎我又把那锯子带进了树林。我懊恼极了，不由得诅咒自己："真是一个白痴！"

这时，我感到身后有人，便转过身。我吓了一跳：一位极瘦极瘦的老人坐在一张木椅上，静静地看着我。我的脸顿时热起来，带着歉意冲老人笑笑，准备溜走。

老人叫住了我，说："是我打搅了你吗？姑娘，我猜想你一定拉得非常好，只可惜我聋了。"

我指了指琴，摇摇头，意思是说我拉得不好。"也许我会用心灵去感受这音乐，我能做你的听众吗？就在每天早晨。"我被这位老人诗一般的语言打动了。我拉起了琴，面对我唯一的听众，一位耳聋的老人。此时此刻，我心里洋溢着一种从未有过的自豪感。

我一直珍藏着这个秘密。直到有一天，我拉了一曲《月光奏鸣曲》，让专修音乐的姐姐感到大吃一惊。姐姐逼问我，究竟得到哪位高师的指点？我告诉她："是一位老太太，就住在12号楼，非常瘦，满头白发。不过，她是一个聋子。""聋子？"姐姐惊叫起来，"多荒唐！她是音乐学院最有声望的教授。更重要的，她曾是乐团的首席小提琴手！而你竟说她是聋子！"

每天早晨我依旧早早地来到林子里，面对这位"耳聋"的唯一的听众，静静地拉上一曲。我感觉到我奏出了真正的音乐……

如今，拉小提琴已经成为我永远无法割舍的爱好。

这篇"学琴体会"读来让人感触尤深：如果天下的父母都能当这样的"聋子"，都能做孩子忠实的"听众"，那会有多少天才脱颖而出，又会有多少孩子喊出"其实，我真行"！

旅游可以让你的孩子饱览祖国的锦绣河山，获得美的享受，陶冶性情，开阔眼界，增长见识。每个做父母的都不要忽视旅游对孩子学习知识的重要性。

著名的作家、诗人、艺术家泰戈尔，是一个多才多艺的人，文、史、哲、艺、政、经几乎样样精通。其作品充满了爱国主义热情和民主主义精神，同时又富有民族风格，深受人民群众喜爱。他的著作曾被翻译成多种文字，在外国出版发行。

泰戈尔的父亲代温德纳特是位生活简朴、内心纯洁的智者和隐士。他对子女的管教很得法，儿子泰戈尔的智慧和个性的发展深受父亲的影响。

父亲有意识地寻找让儿子广泛地接触大自然、接触社会生活的条件和机会。

在泰戈尔12岁那年，父亲为他主持了成人仪式。仪式结束后，代温德纳特问儿子是否愿意跟他一起去喜马拉雅山旅游，泰戈尔高兴得几乎要跳起来。他当然愿意！

在桑地尼克的那些日子里，代温德纳特为在孩子身上唤起自信和责任感，让他理财，计划每天的生活开销。

旅行到阿默尔特萨尔时，父子俩又逗留了更多的日子。这里的人是有神论者，他们的宗教要义强调一元神梵天的基本精神和人的友爱。父亲定期带泰戈尔去庙里吟唱颂神曲。这一活动大大丰富和陶冶了泰戈尔的情操，令他终生难忘。他们游览了许多名胜古迹，后来进入喜马拉雅山区。大自然的美使小泰戈尔陶醉了。

在这里，泰戈尔开始了他心旷神怡的山居生活。每天破晓前，父亲身裹红披巾，手执油灯，来床前叫醒泰戈尔，与他一块背诵梵文颂词，然后父子俩到山间林中逍遥游。回来后，父亲教他一小时英文，然后跳进冰冷的水中沐浴。下午仍是读书散步。傍晚，父子俩在屋外平地上促膝而坐，儿子给父亲唱自己喜欢的颂神曲，父亲给儿子讲述初级天文知识。

泰戈尔与父亲一起度过了4个月的野外旅游生活，这是他童年时期最幸福快乐的日子，也是他一生中最有价值的感受。每当忆及此事，他总是十分感激父亲，说是父亲使他认识了生命的真谛。

我国古代对于人的成长有"读万卷书，行万里路"的要求。泰戈尔的父亲正是这样培养了他的儿子。攀越山峰、游览胜迹、长途跋涉、诵诗读书，这对于一个文学家的幼年来说，其意义绝不只是一段快乐奇妙的时光，更是一种受益匪浅的经历。这对泰戈尔日后的发展，无疑具有基础性的培养作用。

旅游可以让孩子饱览锦绣河山，获得美的享受，陶冶性情，开阔眼界，增长见识。同时，还能呼吸到大量的新鲜空气，促进血液循环和新陈代谢，使肌肉和关节得到锻炼，增强身体素质。因此，每个做父母的都不要忽视旅游对孩子学习知识的重要性。

带孩子出去游玩时，父母应该注意以下两点：

首先，在做出行准备的时候，要尝试着激发孩子"自主"的精神，让孩子和自己共同准备出行物品。

可以将旅游看成培养孩子独立生活能力的一次机会。家庭成员共同准备，单调之事也会变得有滋有味。让孩子携带简单的、常用的生活物品，如纸巾、水、点心等，培养其独立性，锻炼其意志力。家长可根据线路和孩子体力情况分别将各类物品放置到各自的包中，一路上自取自用，自得其乐。出发前，学会尽可能地找些资料，了解旅游地的自然环境特征、经济发展、交通状况、历史传说及风土人情等，查找过程也就是扩大孩子知识面的过程。

其次，在旅游的过程中，父母不要只顾玩乐，而忘了在游山玩水中有意识地教育孩子这一细节。

游玩时可与孩子一块儿收集一些旅游资料，如城市图、景区图、景点材料介绍、门票等，还可以拍照、摄像、记随笔、画速写、搜集民间故事、神话传说、购买特色纪念品等。

旅游归来，边让孩子看照片、门票等纪念物边让其回忆，谈谈各自的收获和体会，如旅行中印象最深的事、最美的地方等，还可将见闻形成文字，或与孩子一起合作绘画、编故事，鼓励孩子将自己的旅游经历讲给同学和朋友们听。

总之，旅游是人与自然和谐交融的过程，也是家长们寓教于乐的良好时机，父母可以在不经意间让孩子增长见识。旅游能让孩子得到美的熏陶，促进其身心的健康发展。趁大好春光，带孩子旅游去吧！

三、给孩子制订合理的学习计划

好的计划是成功的一半，想让你的孩子学习更上一层楼，就不要忘记养成制订学习计划的好习惯。

金金在学习上非常刻苦，成绩却一直上不去。后来父母发现儿子最大的问题就是没有计划，东一榔头西一棒槌，像没头苍蝇一样瞎撞。学习的效果自然也跟狗熊掰包谷一样，捡了这个，丢了那个。

人对于知识的掌握和记忆都是有一定规律的，一次记忆不了太多的内容。而金金一忙起来，就搞临时突击，恨不得一个晚上把整本书都过一遍。力没少出，效果却不大。越看越觉得自己什么都会，一考试就发现什么都不会。他平时学习不注意对知识的积累和巩固，一到考前就临阵磨枪，完全是凭临时加深的印象来应付考试，一考完就忘得一干二净。时间一长，学得多，忘得也多，临时突击的作用就越来越小。于是，成绩就会忽高忽低。

金金不善于制订学习计划直接使得他的自信心越来越差。因为平时学习没有计划性，只知道抓起什么就往脑子里塞点什么，而且也从不安排时间去疏通这些知识点，因此头脑里这些零碎的知识无法衔接起来，没有形成一幅活的知识结构图。因此考前就会觉得自己漏这漏那。这是一种典型的被动式学习，根本不知道要在自己的心里建立知识库，好像是在为别人学，效果当然就差，不管学了多少，都会很快忘掉。

金金很卖力还是学不好，逐渐就觉得自己比别人笨，也不相信自己的成绩能赶上别的同学。结果，因为学习方法上的问题，耽误了自己的前途。并且，这种自卑感将跟随他一生，为他带来无尽的烦恼。

所以说，好的计划是成功的一半，想让你的孩子学习更上一层楼，就不要忘记培养他制订学习计划的好习惯。

小铭的成绩非常好，而且看上去学得一点也不吃力。他说爸爸告诉他一句话：学习应该是快乐的事，学习是为了增加快乐，而不是让快乐越来越少。事实上，在班里他也是最活泼的人，时不时还来点小恶作剧。一到课堂上，他的眼睛就放光，全神贯注。

很多孩子的父母都向小铭的父母请教学习方法。小铭的爸爸则拿出了一张计划表说："我的儿子全靠它。"小铭的爸爸非常细心，在开始的时候每天都让小铭用荧光笔写出大大的"休息"和"玩"，他说："为了保证孩子的自由活动和玩的时间，必须让他提高学习的效率，学得越快，玩的时间越多。时间一长，小铭自己就学会了，每天都是自己做计划。"

在学习的部分，他从来不写学习的时间，写的是效果，最多的是"理解"、"运用"和"熟练掌握"等字样。别人每天回家先写作业，他则先复习课堂上做的笔记，对照书里的例题，看明白了再写作业，就能十分轻松地做完了。每天写完作业，他只用十几分钟的时间，把新的和旧的知识点都画到一张结构图上，是完全不看书画下来的，画的时候就等于把以前的知识温习了一遍，同时把新知识和旧知识有机地联系了起来。

在计划表上，小铭习惯于每天留出半个小时的时间用来补漏洞。他把所有测验和作业中错过的题，都单独抄到一个本子上，每天补漏洞的时候，就从里面挑题目做，故意挑那些印象不是很深的题，做对一次打一个钩，做错一次打一个叉，当一道题目能连续得到三个钩，他就认为自己彻底掌握，就再也不会去碰它了。

就因为小铭一直执行他的学习计划书，所以他的学习成绩才会那么好，既玩了，也学了。

那么，怎么让自己的孩子学会做学习计划呢？

首先，学习计划让孩子自己来制订。

计划是需要自己来执行的，一定要由孩子自己来定。家长可以与孩子一起讨论，但最终的决定权一定要交给孩子。让孩子觉得这不是家长强迫自己在学，这是自己对父母许下的承诺，一定要努力完成，不让父母失望。

其次，不要只重视时间量，而要重视学习效率。

许多学生的计划总是重视学习时间，不重视学习的效果，容易导致有数量没有质量。家长可以要求孩子做学习计划强调效果，要设定可以检验的目标，定期检查。如此，孩子就能跳出读死书的怪圈。

第三，计划的制订要注意劳逸结合。

过长时间集中注意力，会导致学习的效果下降。所以，学习计划要留出休息时间，适当的放松才能保证学习的质量。作为家长，在孩子放松的时候可以陪他们共同娱乐，即使每天只有半个小时或一小时的娱乐，也能很好地调节情绪，给孩子带来新的学习动力。

第四，完成计划要给予孩子以奖励。

如果孩子能够完成计划，我们可以适当给予奖励。奖励的内容最好征求孩子本人的意见，可以在周末陪孩子去游乐园，可以陪孩子吃一次麦当劳，也可以在经济条件许可的情况下，给孩子买一件他喜欢的玩具。奖励是父母为孩子庆祝的一种方式，一定要让孩子体会到父母的欢乐。

第五，告诉孩子学习计划的制订要注重温故知新。

为了避免学了新知识，忘了旧知识，学习计划要特别强调把新学到的知识和已经掌握的知识联系起来。画知识结构图是一个好办法，我们可以要求孩子对自己讲解图上各个知识点之间的关系。

第六，让孩子轻松快乐地学习。

我们一定要注意，学习计划不是为了给孩子增加压力和负担，而是为了提高学习效果，减少负担，增强自信心。

四、穿上合脚的鞋才能走得更远

适合的，就是最好的。只有合适的学习方法，才能帮助你的孩子取得更好的成绩。

如果说学习是一条漫长的路，那么学习方法就是穿在脚上的鞋。穿上合脚的鞋才能走得更远，走得更稳。

生活中，有很多时候我们看到别人的孩子学习好，就会去讨教人家所用的教育方式和学习方法，而事实上，适合别人的不一定适合自己的孩子。

　　铃铃是北京海淀区一所中学的学生，在校期间曾多次获得区三好学生称号，后来因为父母工作的原因转学到了北京的另一所中学。一个学期后，父亲发现，铃铃的学习劲头明显低于上学期，于是在家长会上和班主任及各科老师交流，得知他不像以前那样积极主动地回答问题了。

　　知道这种情况后，父亲并没有责骂儿子，而是反复耐心地找儿子谈心，终于得知，铃铃在模仿一种"放松式"的学习方法。于是父亲对儿子说："'放松式'学习方法是学习方法的一种，可这种方法因人而异，对你不太适应。你是勤奋的孩子，必须以勤为本，再加刻苦努力。才能实现自己的理想，一分辛苦，一分收获，不劳而获是不可能的，只能不畏艰辛，才能达到知识顶点，任何捷径都不可取，你可以坚持你的'放松式'学习方法，到期末考试成绩出来后，你就会知道这种学习方法到底适合不适合你。"

　　期末考试结束了，果然让父亲说中，这时的父亲并没有埋怨儿子，只是拍拍他的肩膀，心平气和地说："孩子，这也是你在学习中的一次失误，没有选择好适合自己的学习方法。"父亲没发脾气，是因为知道铃铃的自尊心很强，而这种点到为止、不追究根源的方法，反而使儿子很容易就接受了父亲的意见，改变了学习的方式。

　　父亲后来总结说，人不可能十全十美，也不可能全能，人生的价值追求主要体现在通过自己的努力，达到力所能及的目标，而不是片面地去追求完美无缺。对孩子的"过"和"失"，我们要持理解的态度，及时寻找原因，既不自欺欺人，也不将其认为是天塌地陷的大事，而是以积极的态度和方式去应对现实，教给孩子自信，去战胜"过失"。

　　在这个例子中，父亲最了不起的地方，是没有强迫孩子按照自己的意愿改变学习方法，而是允许孩子尝试，允许孩子失败，也允许孩子从跌倒的地方爬起来。家里的理解和支持，是孩子取得好成绩的最大动力。这也说明一个道理，适合自己的学习方法，是需要通过摸索才能找到的，要给孩子探索的机会。事实上，当铃铃重新选择原来的学习方法后，也会从失败的尝试中吸取合理的部分，对原来的方法也是一种完善和补充。而在这种有成功有失败的尝试中，他的成绩会越来越好。

父母应该帮助孩子找到适合他的学习方法。

首先，鼓励孩子在学习方法上创新。

没有尝试和创新，孩子永远找不到最适合自己的学习方法。因此，我们应该对孩子的探索报以鼓励。这样的好处，是能让孩子根据自己的实际情况，来主动寻找最有效的学习方法，克服困难，取得最大的成功。

其次，帮助孩子分析各种学习方法的利弊。

孩子对自己的认识往往不够全面，在学习方法的选择上，也需要我们的帮助。父母可以心平气和地提出自己的意见，允许孩子自己去尝试。当事实证明自己对了，不要批评孩子；当事实证明孩子对了，就要真心为孩子祝贺。

第三，帮助孩子认识自己。

父母应该细心观察，看自己的孩子适合什么样的学习方式，并把自己的看法随时和孩子沟通。这样能帮孩子更好地认识自己，从而选择最适合自己的学习方法。

第四，引导孩子尝试新的学习方法。

当孩子的学习出现问题，父母可以向孩子推荐新的学习方法，并详细讲明自己的理由。在孩子尝试的过程中，父母要多交流，及时发现问题，提出自己的意见供孩子参考。

第五，帮助孩子认识学习方法上的问题。

当孩子出现成绩下降，首先要和孩子共同讨论，在学习方法上是否存在可以改进的地方，如何改进能取得更好的效果。这样能帮助孩子摆脱成绩下降所带来的心理阴影，重新建立起自信心。

第六，陪孩子一起寻找更好的学习方法。

当原有的学习方法不适合新的学习内容，我们可以陪孩子一起探索，寻找更好的学习方法。这个过程能加深双方的感情，也能提高孩子的上进心。寻找和探索的时候，要以学习效果为首要的考虑。

五、引导孩子多读书"读好书"

书是人类进步的阶梯，也是孩子进步的阶梯，让孩子多读书、读好书可以使孩子终身受益。

当今社会，孩子生长在一个崇拜运动员和明星的文化氛围中。我们会为足球赛门票挤破头，而不会陪儿子一起读书；许多家庭拥有的是高清晰度电视、高档品牌电脑，而不一定会有一个收藏书籍的书柜。当孩子们聚会时，谈的多是流行歌曲、球星以及网络游戏，而很少谈一部好的作品或一本畅销书。很多小孩在这种氛围中，阅读能力日益退化。

列夫·托尔斯泰曾说过："理想的书籍，是智慧的钥匙。"因此，父母要想让自己的孩子变得更聪明，更有智慧的话，就应该竭尽全力地鼓励自己的孩子多读书。父母应该为孩子营造一个良好的家庭阅读氛围，培养孩子的阅读兴趣与阅读积极性，养成良好的阅读习惯，教给孩子正确地阅读课外读物的方法以及选择好书的原则，循序渐进地培养孩子爱读书、多读书、读好书。

那么，培养孩子的阅读能力应该从何时开始呢？

在孩子学习字母之前，父母应作为孩子的读书"工具"。但朗读不要太具表演性，因为变换太多的语调会干扰孩子的注意力，使他忽略故事情节。而好作品本身也无须美化。

父母可以将一些好的作品推荐给孩子阅读，当孩子看不懂里面深奥的文字时，父母可以用一些简单的语言解释给孩子听。

父母可以帮助孩子选择适合他们的良好读物。据埃及艾因舍姆斯大学发表的一份研究报告说，8 ～ 11 岁的儿童最好选读一些有图画的书。

在对一千二百多名小学三、四、五年级的学生进行调查研究之后，发表的这份研究报告说，这个年龄阶段的小学生应阅读以下种类的图书：首选的应是一些童话故事书，其次是科学幻想故事书，第三是传奇故事和英雄人物故事书，然后是数学游戏、发明创造、科学知识、动物世界、海洋、旅行、战争、历史、笑话、娱乐、诗歌、传记和天文、地理等方面的书籍。

这个年龄段的小学生阅读这类书籍可以从中找到乐趣、增长知识，度过一些空闲时间。他们可以从学校图书馆得到他们想阅读的这类书。

研究报告强调说，不要把经济和社会因素同孩子的阅读联系起来，也不要让这些因素影响孩子对图书的选择。

8 ～ 11 岁学龄儿童阅读的图书要有图画来帮助他们对书中内容的理解；同时，形式要简单，能启发学生思考，从而帮助他们掌握科学知识。

很多人有读书和理解的能力，但很少人真正喜欢读书。普遍存在的困难是，人们很难喜欢书籍和从阅读中得到乐趣。

全世界的研究人员和学者都把注意力集中放在研究儿童最初对书籍的爱好方面。儿童时期的模仿性是很强的。因此父母在教会孩子自读之前，就应该培养起他们爱书的意识。在他们很小的时候，父母就应当经常让他们高声朗读有趣的书籍。儿童应该能接触到家中书架上父母的书，尽管这样做会使父母的一些书受到损坏，但重要的是能使儿童与书建立亲密的关系。

父母应该让孩子多读一些自己感兴趣的书籍，这也是发现求知乐趣的最初阶段，应加以正确的指导。

六、有意识地培养孩子的学习兴趣

有人问，兴趣可以培养吗？虽然兴趣多为天生，但也是可以培养出来的。因此，要想让你的孩子热爱学习，就要有意识地培养他的学习兴趣。

学习可以变成一件很艰苦、很枯燥的事，也可以变成一件很有趣的事。关键就在于，你的孩子是否对它感兴趣。兴趣是最好的老师，它能使艰苦的劳动变成愉快的经历，从而大幅度地提高学习、工作的效率，使人的心情也非常惬意。设想，在酷日下行走对于一般人来说是痛苦的，但对一个足球爱好者来说，在烈日下奔跑都会让他愉快；冬天我们连手指头也怕伸进冷水里，但爱好冬泳的人却喜欢整个身体泡在冰水中劈波斩浪。同样，学习兴趣能使孩子在学习时忘却困难或者枯燥，享受这一过程。而且，愉快的心情能激励大脑，从而大大提高学习效率。

学习兴趣促进了学习成功，学习上的成功又会提高学习兴趣，这是良性循环；反之，对学习厌烦，学习必然失败，学习失败又加重学习上的厌烦感，形成恶性循环。因此有必要讨论如何打破恶性循环，形成良性循环。

有人问，兴趣可以培养吗？虽然兴趣多为天生，但也是可以培养出来的，这就需要父母们的努力。

有一个孩子身体虚弱，小学时一点也不爱好体育，却爱好一些赌博性的娱乐活动。进入中学以后，孩子的父亲决定培养他对体育运动的兴趣。起初教他打篮球，不到五分钟，他就坐到篮球架底下说："没有力气了。"

显然他并不是真的没力气了，而是没有兴趣再继续下去。刚开始，在父亲的强迫下，他只好站起来继续练习。随着时间的推移，这个孩子在不知不觉之中成了运动迷。到高中时，他不仅每年在校运会上能拿到奖牌，而且看电视、听广播时，最喜欢的就是体育节目，还经常买体育方面的书刊报纸。可见，兴趣是可以培养的。

对于孩子来说，不要只是让他们去干自己感兴趣的事情。而要努力去培养他们对应该干的事情感兴趣。

家长应该让孩子把握自己的兴趣，而不能反过来让兴趣控制他们。该爱不爱，必受其害。在生活中就有许多这样的例子，如不爱吃蔬菜导致营养不良。

对孩子学习兴趣的培养。应着重于以下几个方面：

要培养孩子的广泛兴趣，鼓励孩子接触多方面的事物，从而获得广博的知识。

在广博知识的基础上，观察孩子的特殊爱好，使其在某一方面有所专长。

当孩子做出选择后，要鼓励他保持恒心，不致半途而废，一事无成。

帮助孩子从兴趣出发进行的活动中收到实效，以强化其兴趣。

另外，根据教育心理学家的建议，对不同智商的孩子，学习兴趣的培养也应不同。

智商低的儿童：提出实事求是的要求，利用其好强心理，发掘孩子对某一学科的"兴奋点"，并作为突破口，使其学习成绩接近或超过智商较高的同学，从而克服自卑心理，培养其学习兴趣。

智商一般的儿童：不宜提出过高的要求，应随时注意并尽力帮助其克服畏难情绪，增强自信心，养成迎难而上的学习习惯。

智商较高的儿童：适当增加其学习的难度与强度，多肯定与鼓励他们取得的进步，激发他们向更高台阶迈进的浓厚兴趣。

七、让孩子张开想象的翅膀

让你的孩子张开想象的翅膀吧！因为想象比知识更重要，知识是有限的，而想象力概括着世界上的一切，推动着进步，并且是知识进步的源泉。

中国人的从众心理很强，认为想法与多数人不同是不好的。作为家长，你要提防自己也有这种从众心理，要求孩子想法与你一致，与大多数人一致，这会限制孩子想象力的发展。要知道，真理往往掌握在少数人手里。

在美国，幼儿园的小孩给苹果涂上了蓝色，老师反而夸奖这个孩子的想法与众不同。因为在他看来，孩子想怎么画就怎么画，只要完成任务就是好样的。

这样的事要是发生在你孩子的身上，你会像这位老师一样夸奖你的孩子吗？我想很多家长是不会的，你肯定认为孩子颜色涂错了，要让他认识到苹果的颜色不是蓝色。

很高兴的是，越来越多的国人认识到了这点，开始允许孩子"胡思乱想"了：有一个 5 岁的孩子画了个蓝太阳，他说："快来看我画的太阳。"

父亲说："你的太阳怎么是蓝色的？"

孩子说："我画的是海里的太阳。"

母亲说："好极了，你太有想象力了。"

一个小孩画了只唐老鸭，两个头，前面一个，屁股上一个，他说："这个唐老鸭不怕野兽，后面来了野兽也能看到……"

我们应该容忍孩子这样的"胡思乱想"，这能保护孩子的想象力，激发孩子的创造力。允许孩子在思维上"不听话"，这合乎孩子独特的思维世界。给孩子一点儿"不听话度"，就是对他们创造性思维、创造欲望的保护。

很多事实证明，"淘气"的孩子往往比"老实"的孩子更有创造力，这是因为淘气的孩子接触面广，大脑受的刺激多，这可以激活孩子的智能。

创造力需要一定的时间和空间，父母应该给孩子更多的时间和空间，让他们"淘气"一点儿，让他们自由自在地去遐想，去活动，去创造。

黄全愈博士在美国时，收到了一封厚厚的家信，拆开一看，有：一张约两尺见方的宣纸国画，画的是竹子：疏疏落落的竹叶，斜斜弯弯的竹竿，布局协调，浓淡有致，且远近成趣。一读信，则大吃一惊——这幅画竟然出自3岁儿子的手！

这的确让黄博士很震惊，因为儿子的绘画技巧实在太好，简直达到了"乱真"的地步。

然而，当他儿子到美国后，却不愿意学画画了。因为美国老师根本不教绘画，一点儿都不教！只出一个题目，让孩子想画什么就画什么，想怎么画就怎么画，有站着画的，有跪着画的，也有趴着画的。他们笔下所绘，更是不敢恭维：不成比例、不讲布局、不管结构、无方圆没规矩甚至连基本笔法都没有……这让儿子很失望。

因为在国内儿子的训练模式是：黑板——学生的眼睛——经由学生的手把黑板上的样板"画"下来。

这是一个简单的由眼睛到手的过程，由于没有"心"的参与，可以说是一个类似"复印"的过程。长此以往，他的绘画过程就仅仅是一个由眼睛到手的过程。所以，他的眼睛里有画，心里没有画。

眼睛里的画只能是别人的画，只有心里的画才是自己的画。也就是说，如果不能在自己的心中"创造"出一幅自己的画来，就只能重复他人。

父亲告诉儿子，要画就画心中的画，而不是照片上的画。画心中的画才有动人心魄的震撼力！

找到心中最有震撼力的画面，就是一个发散思维的过程，一个创造的过程。面对难题找出答案，也是这样的过程。可以说，没有发散思维，就没有应变能力，出不了好成绩。

那怎么培养孩子的想象力和创造力呢?

首先,鼓励孩子多思路解答问题。

在孩子做题的时候,不应重视答案,而着重于启发孩子,寻找不同的解题思路。这样能让孩子养成从不同角度思考问题的习惯,使其终身受益。

其次,支持孩子的奇思异想。

当孩子提出任何奇怪的想法,我们应当立即鼓励,说"了不起"。鼓励孩子的奇怪想法,就是鼓励孩子多思考,而批评则只能让孩子的思维能力萎缩。

第三,家中设立"创意奖"。

可以在家里设立创意奖,当孩子在学习上想出一条与众不同的思路,或者有了什么别的独创性想法,就应该予以奖励。只要我们有如此的态度,孩子的发散思维就能受到极大鼓励。

第四,和孩子做思维比赛。

我们可以和孩子比赛,看谁想的点子多点子新。这种趣味性的练习,可以极大地提高孩子的思维活跃性,并让他们渐渐养成发散性思维的习惯,在难题面前永不言败。

八、能力比学习更重要

很多孩子学得较死,只懂得死记硬背,却不会活学活用,尤其是动手能力、实际操作能力很差。这说明他们知识的培养和能力的培养两方面没有很好地衔接起来。

王历是一个学习很刻苦的孩子，爸妈每天都看到他趴在书桌上不停地学呀，写呀，背呀，有的题难得他父母都做不出来。可是，真正用到时，他的知识却使不上了。有一天，妈妈逛商场，买了五六件东西，让王历算个价钱，王历低头想了半天，也没有算出来。

还有一次，妈妈让他给爷爷写封信，他写了好半天，结果，妈妈拿来一看，语言不通顺。

有一次，在街头见到了外国人，妈妈让王历和外国人打个招呼，他居然支支吾吾地挤了半天都没说上一句话来！

妈妈很困惑：真不知道王历在学校都学了些什么？

本案例我们只不过看到了孩子的学习与实际运用相脱节的点滴事实，就惊诧至极，如果看到更多、更严重的事例，又该做何种反应。

只会死学、不能运用的现象是如此普遍：学英语，捧起书来能读，但就是不能对话，外国人讲的话听不懂，自己说的话外国人又听不懂，典型的"哑巴英语"；物理、化学学了几年，却对生活中发生的自然现象无法解释；整天宣讲"劳动光荣"，孩子却连自己的衣服都洗不了；学习经常得高分，但工作之后却连一般性的事务都无法完成；四体不勤，五谷不分，城里的孩子到了农村，却分不清韭菜和麦苗……

现在很多孩子学得较死，只懂得死记硬背，却不会活学活用，尤其是动手能力、实际操作能力很差，如果任其这样发展下去，纵使能考上名校，也不过是个高分低能儿，因此父母一定要采取行动：让孩子把学习内容与实际生活联系起来，把孩子的知识培养与能力培养结合起来，这样才能教育出成绩优秀、能力又强的孩子。

父母可以按照下面几点来培养孩子活学活用的能力。

1. 培养孩子的动手能力

我们应当与学校配合，必须在指导孩子学习的过程中，加大孩子动手能力的训练力度，力争能有新的突破，才能在孩子中间引发一场真正的"学习的革命"。

在日常生活中，父母要多多鼓励孩子将自己的知识运用到实际生活当中，引导孩子要学以致用，这样就会逐渐克服掉孩子学习僵硬、呆板、灵活性少、局限性大的缺点。

2. 加强孩子实践能力的培养

很多时候我们只知道让孩子伏案苦读，觉得其他的一切活动都会耽搁他们的学习时间，这是造就孩子学习呆板、能力低下的一个重要原因。因此，父母一定要纠正自我的观念，重视孩子实践能力的培养，这样才不会制约孩子的发展空间，才能让孩子得到全面的发展。当然，这需要我们与学校的密切合作。

九、好记性不如烂笔头

学习知识的过程是一个综合性的过程，要求眼、耳、口、心、手全体参加。有说，好记性不如烂笔头，可见动手的重要性。真正地把要学的知识学到手，变成自己的东西，就是真本事。

不少孩子都有这样的体会：要想记住一样新东西、新课文、新内容，阅读

10遍，不如书写一遍。这是因为记笔记时，眼、心、手都在动，不容易分心，记忆中的印象自然就深刻了。

父母在教自己的孩子学习时，一定不要忘了调动他们的手。尤其是要让他们学会做课堂笔记，记下老师的口语讲解或者板书的重点，老师的口头语讲解是即讲即消失，不会停留在空气中，学生一定要学会抓住精彩处记在笔记本上，将这些重点内容变成自己的东西。板书也是一样，老师总是即写即擦，顶多也只能保留45分钟。而每节课的板书都是老师课前精心设计的，甚至是其毕生教学之精华，若讲完之后擦掉了，同学们可能就再也看不到了。请看这样一个事例：

王刚的父亲是个医界自学成才的内外科名医，而父亲的学习方法之一就是勤做笔记。在父亲的书房里，至今还整齐地排放着几十本学习笔记。在父亲的整个求学与行医过程中，那些笔记甚至强过了大部头的各种医书。因为那都是浩瀚书海中的重点与精华，且又都是经过了父亲的眼与心一笔一画精心整理并记录下来的。需要之时，便可随手取来，为其所用。

俗话说得好："好记性不如烂笔头儿。"那些学习成绩好的孩子，大多都有记笔记的好习惯。除了记课堂笔记，还做读书笔记，有的甚至抄书。例如抄写书中的警句格言、精彩句段、黑体公式、定义，还有的每天抄写两条成语或成语故事。当然，苦学不如巧学，我们不提倡用抄书的笨办法，但有时的"笨"却又正好是一种扎实。学习没有什么捷径，就在一个"勤"字，加上一日日一月月的积累。长此以往，形成习惯，每个人都可能成为博学的才子。

攀枝花市华山中学的一个名叫石舸的孩子，以优异的成绩考入了北京大学，成为该校优等生中的佼佼者。石舸在回母校与同学们讨论其学习方法与心得体会时，最强调的一点就是自己从小养成的记笔记的习惯。并且，他还将自己从初中到高中6年来12个学期中所做的全部学习笔记赠送给母校，使同学们从中受到了学习中必须养成记笔记的习惯的启发。有位同学随手翻开了石舸的一本语文课笔记本，正好是有关古代经典短文《陋室铭》的学习笔记。石舸的笔记是这样记的，也很精短：

今天，语文老师高度评价这一课，并讲解了他的两点感悟。

感语一：小而精深，千古不朽，全文 81 字。

感悟二：斯是陋室，惟吾德馨。

精彩名句：山不在高，有仙则名，水不在深，有龙则灵，斯是陋室，惟吾德馨。

老师对此文的精彩板书：斯是陋室，惟吾德馨，何陋之有。此语乃本文中点睛之笔，道出了作者崇简、崇德，不图虚名，不求豪奢，淡泊名利，注重德行的生活情趣和高尚人品。

这位同学看了这篇笔记深受启发，决心从此重视记笔记，并养成这一良好的学习习惯。

据石舸介绍，他后来将这篇笔记充实、发挥，写成一篇随笔，发表在了山东一家报纸《文学鉴赏》专栏上。

上述事例说明，父母一定要让孩子勤用手中的笔，养成记笔记的好习惯。在贪玩的学生时期。想玩是孩子的天性，当家长的不必管得太严。但贪玩常常导致忘性大。作为家长，须随时提醒孩子，把重要的东西用笔记的形式记下来，这样就不会忘记了，也省得玩耍时老是牵挂着要做的事和怕被忘记的学习内容。

另外，父母还可以每周安排一些好作品给孩子阅读，可以是课本上的文章，也可以是报刊等课外读物上的优秀短文，然后让孩子用作阅读笔记，这样坚持一段时间后，自然就会形成记笔记的好习惯了。

十、有些"闲书"也有用

在孩子的耳边常常会有这样的话："别拿起那些不三不四的书不放，学点有用的。""老是看闲书，有什么用啊？"……其实家长应该给孩子们更多的是支持，应该鼓励孩子养成读杂书的习惯。

广泛阅读是一个人走向成功的砝码。当孩子得到了这个砝码，就意味着他通向成功的路上少了一道坎儿。

有一位学生刘维，进校时成绩优异。但他只在乎课本里的东西，其他的知识一概不去过问，知识体系单一，导致其学习成绩渐渐下降。虽然学习努力刻苦，但还是未能摆脱高考失败的命运。而班内另一名同学李良，喜欢读杂书，并且能把课外的东西应用于课内，学习成绩稳定，成为"千军万马"中的胜利者。

从这个例子可以看出：读点杂书，不仅不会耽搁和影响孩子的学习，反而会丰富他们的阅历，扩充知识面，提高理解能力。因此，在读杂书的过程中，是应该有很大收获的。

据 2001 年全国中学生调查结果表明，在中学生中能坚持读杂书的同学只有 8.32%，当然整天沉沦在武侠、凶杀、艳情、暴力的除外。这仅有的一部分同学，他们平时成绩都很不错。由此看出，读杂书是一种良好的习惯。这样的习惯可以使孩子学到更多的东西，同时，也会让他们在日常学习中受益。

培根曾经说过："当你孤独时，读书可以作为消遣；当你高谈阔论时，读书可以作为装潢；当你处世行事时，正确运用知识就意味着力量。"

知识就是力量，培养孩子良好的读杂书习惯，会使他们的阅历不断增长，让他受益匪浅。古今中外的名人志士，大凡都是有着良好的读杂书习惯，而且他们对杂书的需求量，不管从数量还是从种类上看都是惊人的。

毛泽东从少年到晚年，都未间断过读书。因此在他不断地充实自己的情况下，成了一位伟大的思想家、革命家和领导者。同时，在文坛也树立起了一面高扬的旗帜。

拿破仑，在少年时专心苦读，凭自己所学到的东西，从一个平凡的炮兵练就成一位驰骋沙场的优秀的军事指挥家。

歌德曾这样说过："读一本好书就是和许多高尚的人谈话。"一本好书，绝对是一位出色的教师，我想有谁会拒绝"一位出色的教师"和"许多高尚的人"呢？

鲁迅有过这样的话："我读杂书，有时甚至比正书还有劲，杂书中的笔记，我是手不释卷，年梦初回，清斋寂会，及至入睡之前，真仿佛是一席清淡，处处悠然了。"

著名的教育学家叶圣陶先生说过："教育是什么，往简单方面说，只有一句话，就是养成良好的读书习惯，读书，随时要读。"

读书一定不能仅限于教科书，在很多孩子的耳边常常会有这样的话："一天别不务正业，学点有用的。""别拿起那些不三不四的书不放，学点有用的。""老是看闲书，有什么用啊？"……其实我们应该给孩子们更多的支持，应该鼓励孩子养成读杂书的习惯。使孩子能在多方面发展，知识体系的多元化会更利于孩子的健康发展。

在一次考试中，有一道关于《水浒》人物的题。而在这个班中，能做出答案的只有区区两名同学，这两名同学也正是平时有着良好的读杂书习惯的同学。不可否认地说，读杂书会让你受益匪浅。"书到用时方恨少"的道理在这时已经很明了了。

其实，一个人并不要求上通天文，下知地理，更不苛求天上的知一半地上的全知。但懂得中华乃至世界的文明史、发展史是非常必要的。这就要求多读书，读杂书。书读得越多，你的文化背景知识就越广阔，文化底蕴就越深厚。记住古人的话："勤于读书，逸于作文。"

在培养孩子读杂书的习惯时，父母首先要教会他们如何选择书。孩子毕竟是孩子，他们还很年轻，对书的判别还会出现这样那样的问题。我们应给予适当的帮助，帮助孩子寻找一位富有激情的导师，给孩子正确的选择。这会使他们看到，世界那么大，而属于自身的东西还很少。让他们有着一种对知识强烈渴求的欲望。从而养成读杂书的习惯，在通往成功的路上少走一段弯路。

其次，在他们读杂书时，要让孩子有一定的目的性，自己在哪个方面有欠缺，自己在哪个方面知识不到位，那么就选择自己需要的书籍去读。我们要教导孩子，在对自己需要的东西的选择上一定要有耐心，不能盲目。读正书也好，杂书也好，有目的地读，才能收益大；寻求一时趣味，于身心都没有多大好处。

十一、学会搜集学习资料

学习是一个由表及里、由少到多、由浅入深、逐步积累和丰富的过程。在此过程中，积累知识——搜集学习资料乃是其中至关重要的阶段。

大家都知道《高中化学》是一门知识面较广、知识点较零碎的课程，许多学生为该课成绩的提高大叫头痛，但张亮却从不畏惧。

张亮，平时除了认真听讲外，并不像其他同学一样在课下赶班加点，甚至通宵达旦地学习，但他的成绩尤其化学成绩一直是年级七百多人中的拔头筹者，后来其化学成绩为全省第一名90分（实行标准分制考试）。很多同学向其讨教学习经验时，他模仿《卖油翁》说的一句话："无他，唯积累。"大家都跟着笑起来。

他这儿说的"积累"就是学习资料的搜集，他经常把《中学生数理化》（报）、《高中化学》等资料上的典型例题剪下，粘到一本专门笔记本上，然后进行对比和总结，及至掌握。

任何事物都有其规律性，遵循其规律则成，反之则败。学习就是一个由表及里、由少到多、由浅入深，逐步积累和丰富的过程。在此过程中，积累知识，即搜集学习资料乃是其中至关重要的阶段。如此，便可积少成多，由量变达到质变。

蜜蜂之所以能酿蜜，是因为它辛勤地采集了许许多多的花。如只采一朵，所得就有限。大海之所以宽广无垠，是因为它不厌其烦地接受涓涓细流，哪怕是一点半滴都不肯轻易放过。我们学习的过程如同蜜蜂采蜜，只有广泛地收集古今中外知识之"花"，吸取其营养才能为祖国、为人民、为社会酿造出更多更好的"蜜"。

前人说过这样一句话："读书先务精而后务博，有余力乃能纵横。"只精不博，常易走进狭窄的死胡同里去。因此，在精学深研的同时，也应广泛涉猎，博览群书，做到厚积而薄发。把别人的东西转化成为自己的东西，将会受益终生。

"积土成山，风雨兴焉；积水成渊，蛟龙生焉"，"不积跬步，无以至千里；不积小流，无以成江海"……这些至理名言都在告诉我们一个亘古不变的道理：要掌握知识，就要积累，就要搜集学习资料，做到触类旁通，成就一番学业。

人们点滴真知的积累，又何尝不是在博览广识的基础上加以总结和吸收的呢？

卢邦在总结"学习十忌"中写道："八忌笔之高搁，不善积累。"

道家创始人老子也曾说过："合抱之木，生于毫末；九层之台，起于累土；千里之行，始于足下。"

而在现实生活中，却有很多人浅尝辄止，尝到一点儿甜头，便不思进取。直到有一天后悔莫及，为时已晚。

从现代科学发展的特点看，学科的渗透、交叉、分化与综合都很迅速，新学科不断兴起。科学知识结构的综合化，决定着学生的知识结构也要综合化。

为了适应现代科技的飞速发展，不被社会所淘汰，能胜任将来所担任的工作，父母应该让自己的孩子把知识面拓宽掘深一些，养成积累各方面知识的好习惯。

集邮者，可以通过一枚枚小小的邮票了解各国各地的风土人情；收藏家，可以通过一件件古老的物品洞悉各朝各代的历史情况。同样，我们对资料的学习、收集、研究，也能让我们掌握高效的学习方法和规律，并对学习中存在的问题——解决，查漏补缺，使得学习更上一层楼。

知识像渔网中的鱼，网眼越密，网的鱼越多，渔网越大，解决的问题愈多，在学习中，我们应将"渔网"的网眼织得更多更密，才能捞起知识海洋里的一条条大鱼。

要谨记：浩瀚的海洋来自涓涓细流，渊博的学习全凭日积月累。

为了培养孩子随时搜集学习资料的好习惯，父母可为孩子预备一个资料剪贴本。用一个16开的硬壳书写本，再配上剪刀和胶水，作为提供给孩子的资料剪贴工具，并帮助孩子把有助学习的相关资料进行剪贴、收集。在孩子有空时和他们一起翻看，熟悉自己的资料集里都有些什么内容，需要时，便可派上用场，使课堂上的知识得到补充与延伸。

另外，我们在平常的报刊阅读中，做个细心人，把自己认为可作为资料性的文字，给孩子搜集并保留下来，提供给孩子。凡提供给孩子的资料，最好与孩子一起看一遍，并说明一下搜集它的目的和意义，加深孩子对该资料的印象，然后将资料进行剪贴。

当然，资料不是进了剪贴本便完事了，父母还应协助孩子将搜集到的资料整理分类。

资料的搜集、整理，实质上是一个学习的过程。通过整理，将所搜集的资料分类、建档，有利于需要时的使用。如果将资料长期放置，时间长了，连自己也不清楚有些什么资料，真正需要时又满世界找。

第四章
教会孩子持续学习

一、为孩子持续学习营造环境

永永今年 14 岁，读初二。他每天的作业并不多，可是却一直要写到深夜才能写完。

爸爸觉得很奇怪。一天，爸爸很早就下班了，他悄悄地走进永永的书房，发现孩子的书房非常凌乱。那张不太大的书桌上竟然还摆着家里那台电脑，而永永的课本、作业本、文具等横七竖八地散落在电脑旁。

不仅如此，他还发现永永写一会儿作业就坐到电脑前玩会游戏，甚至有时根本不写作业就一直玩游戏，等到要睡觉时发现作业没写才拿出来紧急补救。

看到这一情景，爸爸非常惊讶。他立即要求永永把电脑放回自己的卧室，把所有的书本和文具都摆放整齐。永永不高兴地把这一切收拾完毕，坐到书桌前发呆。

此时，爸爸走到儿子身边，耐心地开导他说："如果你边写作业边玩，玩也玩得不开心，作业也写不好。要养成良好的学习习惯，提高学习效率，一定要保证有一个良好的学习环境。"

永永听完后，觉得爸爸说得很有道理，便开始认真地写作业。

上述事例说明，一个良好的学习环境能很好地激发孩子的学习兴趣，培养他们专心致志学习的习惯，保证孩子进行高效率的学习。

良好的学习环境不仅仅是指孩子学习或者写作业时书房的环境，还应该包括良好的家庭氛围。全家一起读书、讨论等可以引导孩子养成良好的学习习惯。

环境对于孩子学习和行为习惯养成的影响是潜移默化的，它能默默地推动孩子智力的发展，引导孩子养成良好的学习习惯，并影响孩子的世界观、人生观。环境的因素往往容易被父母忽略，因为它不能起到立竿见影的效果，但却因为天长日久的积累而深刻影响孩子的人生，所以父母一定要重视。

可以这样说，为孩子提供一个良好的学习环境，家庭教育就成功了一半。父母要意识到学习环境对于孩子正确成长和成才的重要性，积极为孩子营造一个良好的学习环境。

建议一：营造温馨、和谐的家庭气氛

父母相亲相爱，家庭温馨和谐，对于培养孩子乐观开朗的性格具有重要意义，是创造良好学习环境的重要方面。

琳琳是个三年级的孩子，成绩不太好，父母平时工作很忙，很晚才回家，而且总吵个不停。琳琳每天放学都不想回家，觉得在家里写不下去作业，但她又不知道自己应该去哪里。

这天，父母又在厨房里为了炒菜要不要放辣椒的问题吵得不可开交。正在写作业的琳琳听到吵闹声，非常心烦，她拿起书包就往外走；父母正忙着吵架，没发现女儿出门了。

琳琳一个人漫无目的地在街上走，伤心、烦恼一直伴随着她。

这个事例说明父母之间有争执，要采取适当的方式沟通和协商，不要当着孩子的面吵架，一来吵闹的声音影响孩子学习，二来父母的争吵会引起孩子厌学、逃课等一系列情绪反应，长此以往，将严重影响孩子身心的健康发展。

建议二：形成好学、求知的家庭风气

家庭良好的学习风气有利于激发孩子的学习兴趣。父母热爱学习，经常阅读的行为在孩子年幼的心里会留下深刻的印记，并且会去模仿，很容易养成一生热爱学习的好习惯。请看下面的事例：

非非今年 14 岁，上初二了。他是个特别爱学习的孩子，因此成绩也很好。

不仅如此，非非还经常参加各种知识竞赛，由于他平时热爱阅读，所以总能取得不错的成绩。

其实非非热爱阅读、勤奋求知的学习习惯都是受父母营造的好学、求知的家庭风气影响而形成的。他家里订阅了很多报纸、科普和生活杂志，父母也经常买书、读书。从小受这种风气的影响，非非也变得特别爱学习、爱阅读。

父母应该为孩子的学习营造一个好学、求知的家庭风气。父母平时休息的时候不要沉迷于各种娱乐活动，而应当多阅读，并有意识地指导孩子进行阅读。

建议三： 给孩子安静的学习环境

安静的学习环境对于培养孩子良好的学习习惯具有重要作用。

有个叫笛笛的孩子，上五年级，她非常勤奋，学习时也很专注。因此，她的学习成绩一直很好，笛笛的父母专门为她准备了一间独立的书房，书房里所有的物品都摆放得非常整齐。她每天放学回家后便自觉地去书房写作业，当她写作业时，父母都尽量不去打扰她。

爸爸有时候会陪在笛笛身边，但只是安静地坐在旁边看书。爸爸平时还告诉笛笛，学习时最重要的是安静，所以在学习时不要听音乐，也不要分心去想别的事情。在父母的用心培养下，笛笛学习时总是非常专注，这种习惯一直伴随她走过成长的每一天。

由此可见，当孩子在学习时，父母尽量不要打扰，要为他提供一个安静的学习环境。另外，父母还应该教育孩子自己保证学习环境的安静，在学习时不要听音乐，不要东张西望，而应该专注、认真。

建议四： 定期举行家庭读书讨论会

定期举行家庭读书讨论会，让孩子与父母自由地沟通交流，是营造学习环境的重要方式。

有个小学五年级的学生，名叫耀耀，被称为班里的知识小博士。一个周末的下午，耀耀的同学来找她玩，正巧碰到耀耀与父母在进行读书讨论。

　　他们今天的主题是"父母是否应该无偿给孩子零花钱"，参考书目是所有家庭教育类的图书。爸爸的观点是应该，因为孩子还小，没有能力自己赚钱，所以父母应该无偿给孩子提供零花钱。

　　耀耀的观点是不应该，她说父母已经给自己提供了良好的学习和生活条件，如果孩子有自己的需要，应该付出劳动获取报酬。妈妈也认为应该，但是她提出要适量。整个讨论气氛活跃，当某个家庭成员发言时，其他成员都认真地听。

　　同学这才明白耀耀知识如此渊博的原因。

　　父母可以定期与孩子交流读书或者看报的体会，鼓励孩子说出自己的想法，对他们不正确的想法给予适当的解释和建议，父母也可以发表自己的观点，建立和谐的讨论氛围。多组织一些读书看报的讨论会。鼓励孩子写会议总结，这样在不知不觉中，孩子就学到了知识，有可能还会养成乐于钻研的好习惯。

　　建议五：帮孩子排除学习的干扰

　　孩子在学习时，应该尽量避免让他们受到无关因素的干扰。请看下面的事例：

　　建建是个 10 岁的孩子，刚上小学四年级。他有自己独立的书房，书房虽然不大，但是很安静，而且建建在妈妈的指导下把书房收拾得非常干净。在他的书房里，各式各样的书籍分门别类，被整齐地摆放在书橱里；书桌上的作业本、课本和文具摆放井然，没有其他与学习无关的用品。

　　每次建建放学回家后就关上书房门开始写作业，由于他没有受到外界噪音或者书房里的一些无关因素的干扰，所以每次作业都写得非常认真、仔细，总是受到老师的表扬。

　　孩子的书桌，不要放与学习无关的物品，这样可以避免孩子受到不必要的干扰。父母应鼓励孩子把书桌收拾干净、整洁，把文具和书本等摆放整齐，这样在孩子需要什么的时候，比较容易找到。

二、好成绩要有好的学习习惯

楷楷今年 13 岁，正在上初一。他不喜欢读书，也没有养成好的学习习惯，每天早晨起床都需要妈妈一遍又一遍地催，而且妈妈不提醒他，他也不会主动去完成家庭作业，必须要做的作业，他也是草草应付了事。

有一次，楷楷正在书房里写作业。妈妈准备好晚餐后，轻轻地走到他身边，见楷楷正懒洋洋地抄写当天学过的古诗。妈妈凑近观看，发现他写得速度很快，字体十分潦草。妈妈生气了，等楷楷写完后，上前把他的课本合上，然后要求楷楷把刚才抄写的古诗背诵一遍。

楷楷一脸茫然地看着妈妈，然后低下头，小声地说："不会背。"妈妈更加生气地指责他："你这在读什么书啊？抄了 10 遍的古诗都没背下来，你知道这首诗的意思吗？诗里的每个生字、词你都弄懂了吗？你自己思考过作者写这首诗的心情吗？"楷楷神情更加茫然，妈妈无奈地摇了摇头。

这个事例印证了孔子的话："少年若天性，习惯成自然。"如果孩子能够在少年时期养成良好的学习习惯，那么他便会将追求知识、努力学习当成生活中重要的一件事情来对待，而不需要父母或者他人再三催促。习惯的力量是惊人的，它通过每天的点滴积累影响着孩子一生的发展。

俄罗斯著名教育家乌申斯基说："良好的习惯乃是人在神经系统中存放的资本，这个资本不断地在增值，而人在其整个一生中享受它的利息。坏习惯则是道德上无法偿清的债务，这种债务能够用不断增长的利息去折磨人，去麻痹他的最好创举，并使他达到道德破产的地步。"

一个良好的学习习惯是孩子追求知识的资本，孩子通过每天不断的积累和巩固，使得这个资本不断地发生增值，于是孩子的学习就产生了"滚雪球"的效应，最终产生质的飞跃。

书写不工整、不独立进行思考、没有时间观念等不良学习习惯是不会主动学习的孩子的重要表现。在学习时，父母不能要求孩子的书写多么漂亮或者有书法家的风范，但是书写工整是每个孩子都可以做到的，这也是一种良好的学习习惯。

独立进行思考是学习知识必须要具有的一种学习习惯，它可以便于在任何时刻对所学的知识进行检验和复习，保证自己掌握的知识的准确性。

合理安排时间也是孩子应该养成的一个良好的学习和生活习惯，一个不会合理安排时间的孩子永远不知道什么时候该做什么事情，不知不觉就把许多时间浪费掉了。

学习习惯一旦形成便会通过潜移默化的影响使孩子的学习产生巨大的变化。良好的学习习惯当然会使孩子向好的方向发展和变化，而不良的学习习惯则会使孩子逐渐丧失学习的热情而最终失败。

建议一：指导孩子养成工整书写的习惯

工整书写是一个良好的学习习惯，它可以反映出一个人对学习和生活的态度，展示他独特的个性。随着信息时代的来临，电脑日益普及，但是硬笔书写仍然是日常生活中不可缺少的一项基本技能。孩子如果从小能够养成工整书写的学习习惯，必然能使他一生的学习生活都受益无穷。请看下面的事例：

琪琪是个六年级的孩子，她学习成绩好，而且写得一手好字，她的字娟秀工整，让人看着就觉得舒服。妈妈从琪琪三岁时便要求她每天坚持练习硬笔书法，风雨无阻。

她认为工整的书写是孩子学习的门面，如果门面不好，学习当然也不会有好效果了。妈妈的严格要求和训练使得琪琪从小就养成了良好的习惯，她不仅认真地对待写字，也认真地对待学习，不放过任何一个疑问和知识点，因此总能取得好成绩。

父母在对孩子进行早期教育时，应该把书写当作孩子的一个专门课程，有针对性地对他进行训练。例如，指导孩子养成正确的坐姿、握笔的姿势，还要告诉孩子一些必要的书法知识，如字的基本构成、笔画顺序和字间距的问题等。对于孩子错误的书写姿势，父母应该及时纠正，如果有条件，可以送孩子去书法班练习一下，并随时对他们进行监督。

建议二：指导孩子养成合理安排时间的习惯

合理安排时间既反映出一个人的学习和生活态度，也可以使孩子赢得更多的时间来学习，它是一个良好的学习习惯。一个没有时间观念的孩子总是感觉时间不够用，但是他们并没有做什么事情，也不知道时间花在哪里了。

有个三年级的孩子叫乐乐，他时间观念很差。早晨，闹钟都响了三四次了，妈妈也过来叫过他好几次了，乐乐却依旧躺在床上不愿意起来。放学后，他懒洋洋地把书包往书房里一丢，然后趁妈妈不注意跑到电脑面前开始玩游戏，经常到了深夜才去写作业。

针对乐乐的这种表现，妈妈积极地采取行动，与孩子协商后制定了一份时间安排表，并且制定了相应的奖惩措施。由于时间安排表制定合理，妈妈的指导到位，乐乐也乐于改变，很快他就学会合理安排时间了。

对于那些没有时间观念的孩子，父母可以在与他们协商后制定一份科学合理的时间安排表，并且设置一定的奖惩措施，促使孩子在规定的时间内完成任务，培养他们合理安排时间的良好习惯。

建议三：指导孩子养成独立思考的习惯

独立思考是真正追求知识的孩子都应具有的良好习惯。学习不是机械的记忆工作，知识需要经过不断思考才能更长久地沉积在孩子的大脑里，经过思考后的知识才能被记忆得更加深刻和持久。请看下面的事例：

菡菡是个六年级的孩子，她学习成绩很好，而且很善于思考。菡菡的妈妈从小就鼓励她在学习时多提问题，她认为孩子有问题说明她在思考，而不是死记硬背。

有一次，菡菡在背诵王维的一首古诗，见妈妈走过来，便问妈妈："王维当时到底是一种什么样的心情呢？"妈妈告诉菡菡："你把诗里每个词、句都弄明白了吗？诗的大意你清楚了吗？如果这些都做到了呢，你再去找找王维的资料，查一下他写这首诗时是什么样的生活状况。"

在妈妈的指导下，菡菡解决了这个问题，并且把这首诗也记得更加深刻了。

父母要重视孩子的提问，认真地问答孩子的问题，鼓励孩子在学习时多思考，多提出疑问，不要读死书，然后指导孩子去寻找问题的答案。在发现问题与解决问题的过程中，孩子便养成了独立思考的良好学习习惯。

建议四：指导孩子养成多阅读的好习惯

随着计算机和电视的迅速普及，现在的孩子对于网络、电视的依赖也越来越明显。但是众多教育专家都不约而同地指出电脑和电视提供的信息是不利于孩子的学习和成长的，多阅读有益的课外书籍才是学习的正确之道。经常阅读可以使孩子增长见识，体会到书中文字的魅力，引起孩子内心的共鸣，是一种使知识与精神双丰收的良好学习习惯。

父母应做孩子良好的榜样，尽量多读书、多看报，除非必要时候，不要在孩子面前接触电视和电脑，多督促孩子去阅读各种有益的课外书籍，增长孩子的见识，丰富孩子的知识面，让孩子从小养成爱阅读的习惯。

建议五：培养孩子认真完成作业的好习惯

认真完成作业是一个良好的学习习惯，足以让孩子终身受益。一个不认真完成作业的孩子必然做事马虎，不能形成谨慎的学习态度。因此，父母应该指导孩子养成认真完成作业的良好习惯。

父母要告诉孩子：写作业时应该专心致志，不能三心二意，更不能在写作业时邀请同学或者朋友来家里玩；写作业时应该认真进行思考，对于自己不懂的地方不能蒙混过关，而要及时向老师、同学或者父母请教；写作业时态度要端正，书写要工整。

三、引导孩子的间接兴趣

孩子的厌学情绪影响孩子听课的效率，也直接影响孩子的学习成绩。孩子讨厌学习，成绩差，也间接影响了他的身心健康发展。

兴趣是孩子学习的动力，促使他愿意去钻研、去探索、去克服困难。不过，厌学情绪在许多孩子身上都或多或少出现过。

脑科学家发现，孩子怀着快乐的情绪学习，大脑就分泌吗啡呔，它让孩子身体舒畅、心情愉悦、宁静；它能刺激大脑细胞大量分泌记忆物质，使知识掌握得更牢固。反之，孩子怀着痛苦的心情来学习，体内会分泌肾上腺素、去甲肾上腺素、多巴胺等，让人肌肉紧绷、心跳加快、血管收缩，脑细胞处于抑制状态，学习就会变成一种苦难。

孩子对学习产生浓厚的兴趣，才会保持愉悦的学习状态。孩子从事自己感兴趣的事，才能够从中找到乐趣，体味到真正的快乐。孩子只有在学习上找到真正的乐趣，才能乐于去学习。例如，陈景润解哥德巴赫猜想时的废寝忘食，就是因为他有浓厚的学习兴趣，

学习兴趣是一种使用大脑的习惯。父母应该通过良好的学习方法、学习氛围、

学习技巧等，让孩子的大脑良性运转。

建议一：给孩子营造浓郁的学习氛围

孩子的童年时代，是形成学习兴趣的最佳时期，此时，浓郁的家庭学习氛围能够让孩子爱上学习。父母要做孩子的榜样，多在孩子身旁读书看报，谈论各类学习的乐趣。孩子爱上了故事书，父母应该欣喜地赞扬、鼓励，并陪伴他读故事，让孩子喜欢上书本。

家里要有适量的藏书，多买一些儿童读物放在书架上，多买一些纸、笔、颜料类的学习用具，营造一种书香氛围。犹太民族爱学习，就源于犹太家庭中浓郁的学习氛围。

建议二：注意间接兴趣的引导

学习与游戏、玩乐也是相通的，许多游戏、玩乐活动中，也蕴藏着学习内容。父母可以通过间接兴趣，引导孩子的学习兴趣。请看下面的事例：

江东刚刚三岁时，一次，他看到妈妈玩扑克，就迷上了叫"小猫钓鱼"的扑克游戏。他天天缠着妈妈、奶奶、表姐和他玩。妈妈给他读童话书，他一点兴趣也没有。妈妈说："你马上要上幼儿园了，怎么能不爱读书呢。"妈妈盯着纸牌，突然灵机一动——教儿子识数。江东为了玩牌，不到一个星期就学会了10以内的数字。

生活中处处皆学问，孩子好奇心重，喜欢尝试新东西，父母应适时在孩子游戏、探索的过程中，教会他们识物、识字、识规则、识礼仪，进而使孩子通过书本寻求更多系统、详尽的知识。

建议三：养成良好的学习习惯

良好的学习习惯，是包括学习方法、学习技巧、学习规律、学习态度等一系列有关学习的习惯。父母要纠正孩子不良的学习习惯，以便达到事半功倍的效果。

学习习惯好,学习自然轻松、成效大,孩子能获得学习的成就感,也就能保持学习热情,愿意学习。

有个叫赵亮的孩子,刚上幼儿园,妈妈就告诉他:作业要独立完成,妈妈不陪伴、不检查;并提醒他做作业时要专心,不能三心二意,集中注意力才能快速、高效地完成作业;每天要预习新课、复习当天所学知识;上课要专心听讲,要看着老师的眼睛。赵亮将这些谨记于心,渐渐养成了良好的学习习惯。每天都认真听课,作业做得又快又准,还多了许多玩的时间,他觉得学习很快乐。

孩子刚开始学习,父母就要注意各种学习习惯的培养,一旦孩子养成坏习惯,以后再改正就会十分困难。例如,如果父母陪孩子做作业,帮他检查错题,就容易让孩子产生依赖心理,影响孩子学习能力的发展。

四、鼓励孩子提出问题

好奇心是指人们希望自己可以知道或者了解更多事情的不满足的心理状态,而求知欲则是指一个人探求知识的强烈渴望。好奇心和求知欲是每个人学习时不可缺少的因素,它可以激励人们不断地努力追求,直至得到满意的答案为止。

可事实上,现在的许多孩子,他们都是为了考试和父母的要求而学习,而不是在好奇心的驱使下为了追求知识去学习。读书在他们眼里变为一种机械的工作,成了一种固定的模式。没有好奇心,缺乏求知欲,只希望把知识记住,这导致许多孩子不能从学习中体会到乐趣。

本来学校安排的实验课是培养孩子好奇心和求知欲的比较好的课程,却出于各种原因变成了孩子学习的负担。许多孩子害怕实验,主要是担心实验效果不像书中描述的那样。

没有求知欲和好奇心作为牵引和动力，任何学习都是被动和无意义的。当孩子们怀着追求某个问题答案的强烈好奇心和求知欲去学习时，获得的每一点知识都会让他感到快乐和满足，从而使他更加乐于追求越来越多的知识。因此，可以这样说，好奇心和求知欲是孩子主动学习的两大法宝，父母要用心引导。

建议一：引导孩子多观察身边的现象

激发孩子的好奇心，其实很简单，引导孩子多观察身边的现象就是一种很好的方法。许多父母常常陪在孩子身边，送他们去上辅导班，陪他们练英语口语，总认为只有这样才是学习。

事实上，如果父母能够有意识地引导孩子观察身边的人、事等现象，引发他们的思考，反而能激起孩子的好奇心，让他们产生强烈的求知欲。请看下面的事例：

辉辉是六年级的孩子，他非常活跃。辉辉的妈妈是一位银行工作人员，平时比较注重对孩子的教育。有一次，辉辉和妈妈在公园里散步，突然许多青蛙都跳出了池塘。妈妈立即指导儿子观察，并且告诉孩子："一会儿要下雨了！"

果然，没过半小时，天空突然就阴了下来，雨啪啦啪啦地下了起来。辉辉对于妈妈的"神机妙算"非常佩服，他怀着强烈的好奇心去翻阅了科普书籍，才知道原来青蛙在下雨前需要跳到陆地上挥发水分，被人们称为"活晴雨表"。

平时父母应该多陪孩子出去散步，引导孩子观察自然界的一些现象，如云、雨等的变化，并且让孩子注意观察这些自然现象发生时动物都有一些什么反应等。同时，父母也可以让孩子观察一些人文景观，如名人故居等，以激发孩子强烈的求知欲望。

建议二：鼓励孩子提出问题

有问题是孩子好奇心的重要表现。作为父母，应该鼓励孩子多提问题，这是尊重孩子的一种表现，更是激发和保护孩子好奇心的一种方法。孩子有问题，说明他们在思考，而不是像有些父母想的那样没认真学习。

有个叫宸宸的孩子，上小学四年级，他学习成绩很好。还是学校科技活动小组的活跃分子。宸宸的爸爸是研究植物的专家，他很注重对孩子好奇心的培养。有一次，他带着宸宸去野外写生，要求孩子提出至少 50 个问题，而且不能重复。

到野外后，宸宸便开始不断地寻找问题，他认真地观察每棵草、每株树的形态，期待从中找到问题，然后向爸爸发问。看到孩子的表现，爸爸欣慰地笑了，拍拍孩子的肩膀说："今天开心吗？"宸宸使劲地点了点头。

父母要经常鼓励孩子多提问题，让他们带着寻找问题的心态进入学习状态，这样才能激发孩子的好奇心，让孩子产生追求知识的动力。在平时的生活中，父母要以宽容、开放的态度对待孩子提出的每一个问题，尤其不能粗暴地对待孩子提出的问题，这样会扼杀孩子的好奇心。

建议三：认真对待孩子的提问

对于孩子的每个问题，父母都应该认真地对待。如果父母不认真对待孩子的问题，不仅会让孩子失去好奇心，更有可能失去一个传授给孩子知识的大好时机。如果父母认真地对待孩子的每一个提问，情况就会发生根本性的改变。

父母应该蹲下来，认真地倾听孩子的提问，对于他们那些不着边际的提问，不要敷衍，这样很容易打消孩子的好奇心和求知欲。对于自己也不懂的问题，父母可以直接告诉孩子自己也不知道，并且和孩子一起查阅科普杂志或者相关书籍，去弄清楚原因。

建议四：培养孩子的探索精神

"路漫漫其修远兮，吾将上下而求索。"在人生的漫漫长路中，探索精神是孩子成功必不可少的品质。一个孩子如果没有探索精神，那么他对周围的事物便会漠不关心，从而难以发现问题，更谈不上运用发明创造来解决问题了。

因此，父母应该培养孩子的探索精神，鼓励他们接触那些不经常接触的知识，引导他们进行深入、细致的思考和探索。

建议五：指导孩子学以致用

知识来源于生活，也可以用于生活。孩子在学校学习到的知识之所以变成了死知识，其根本原因就在于他们认为知识没有用处。父母如果能指导孩子将知识用在生活当中，可以在一定程度上激发孩子的求知欲。请看下面的事例：

艳艳今年读三年级，学习成绩一般。她总是对妈妈说："我们学习这些知识都是为了考试，根本没什么用，何必学得那么辛苦呢？"

妈妈听后，便开始指导她如何将知识学以致用。妈妈带艳艳走到楼下的草地，然后问女儿："你能在 10 秒内告诉妈妈这幢楼有多少户人家吗？"

艳艳听完后，便从第一层开始一家一家地数。数到第二层时，她仿佛想起了什么，然后迅速告诉妈妈："一共有 100 户人家，妈妈，对吗？"

妈妈点了点头，然后问她是用什么方法算出来的。她笑着说："你说得对，知识是有用的，我刚才就是用前天学到的乘法算出来的。每层楼的住户数都是 10，楼有 11 层，底楼不住人，那就是 $10 \times 10 = 100$。"

当孩子学到与日常生活有关的知识后，父母可以鼓励他们在生活中进行运用。当遇到与书本知识讲述不合的地方时，父母还应该积极指导他们去寻找出现这种现象的原因，激发孩子强烈的好奇心和求知欲，让孩子学习起来更加主动和积极。

五、启发孩子确立学习目标

瀚瀚今年 10 岁，上四年级，他的头脑很聪明，但是却似乎对学习没多少兴趣。

瀚瀚每天放学回家后，放下书包就开始在客厅、厨房里溜达。有一次，妈妈看到儿子这种奇怪的行为，就问他："你在这里溜达什么啊？应该还有作业没写完吧？"瀚瀚点点头，老实地回到书房里写作业，准备好晚餐后，妈妈又走到书房里看瀚瀚学习的情况。

只见他跷着二郎腿，嘴里叼着笔，眼睛傻傻地盯着窗户、桌上的作业本和课本摊了一大堆，一片狼藉。见妈妈进来了，瀚瀚立即从嘴里拿出笔，放下腿，接着紧张地对妈妈说："我现在开始写作业！"

妈妈拦住了儿子，温柔地问："为什么这么不喜欢学习呢？"瀚瀚低头不语，过了一会儿，他才抬起头来对妈妈说："反正都是老师布置的那些东西嘛，我都做烂了，好烦啊！"

妈妈轻轻地抚摸着孩子的头说："你自己没有学习目标吗？老师布置的任务只是基本知识，你没有想过获得更多的知识吗？"瀚瀚摇了摇头。

上述事例说明，没有目的地行走，既不能使行路人感到愉快，也不能激发行路人前进的动力，这样的行走没有意义。学习也如此，没有目标的学习就像在黑夜中摸索，没有终点和目的地，学习者也不会积极、主动地去寻找最适合的学习途径。

兴趣是学习最好的老师，而目标是学习最强大的动力。明确、适宜的学习目标可以极大地激发孩子的学习兴趣，时时激励他们去努力追求知识，主动地学习。

教育学家指出，人只要还在成长着，就必须从一个目标走向下一个目标，没有了明确的目标，个人的学习和成长便会停滞。而此时身边的每个人都在奋斗，他们都在进步，自己最终便会落后于他人。

案例中瀚瀚的这种情况，相信每个父母都遇到过。这些孩子没有自觉、主动学习的意愿，父母催促他们去学习，他们才会想到去学习。在学习过程中，他们也不会主动发挥自己的积极性认真地去思考，力求对每一个知识点都读懂，都领悟透，而只是做一天和尚撞一天钟，或者只求考试能够获得好成绩，这些都是孩子在学习时缺乏学习目标的重要表现。

父母帮助孩子设置一个适宜的学习目标具有重要意义。适合孩子的学习目标既不能过高，也不能过低，而且要切合孩子的实际情况，不能违背孩子的意愿和要求盲目地给孩子设置学习目标。适当的学习目标可以激励孩子主动地发掘自身的潜能，让他们自觉、积极地去学习。

建议一：让孩子了解学习目标的意义

没有明确的学习目标，孩子的学习就会变得漫无目的，他们不知道自己该达到什么目标，也不知道如何进行学习。有这样一个事例：

营营今年 10 岁了，正在读小学四年级。她学习非常勤奋，但是成绩却不太好。每天放学回到家后，她就忙着做老师布置的作业，做完作业便开始做自己购买的那些练习册。

妈妈观察了营营的学习情况后，便对她说："孩子，你得自己设立一个学习目标，这样才能学得更好。"营营不屑一顾地说："设立学习目标？多耽误时间啊，而且有什么用呢？"

妈妈认真地对她说："用处可大了。有了学习目标，你就知道如何去规划自己的学习，以便自己能够快速达到目的。通过一个又一个学习目标的激励，你的学习动力也会得到增强，慢慢地就把一个学期的学习任务完成了。"

现在许多孩子学习没有明确的目标，他们只知道一味地做题，完成老师布置的作业，从来没想过要达到一个什么样的目标。这种毫无目标的学习是没有意义的。因此，父母需要让孩子了解学习目标的意义，指导孩子正确地制定适合自己实际情况的学习目标。

建议二：和孩子一起制定合理的学习目标

帮助孩子制定学习目标时。父母应该充分尊重孩子的意愿，在了解孩子的想法后，和他们一起制定学习目标。请看下面的事例：

小霞是个六年级的孩子，她的语文和英语成绩都很好，但是数学有些差。

新学期开始的那天，妈妈问她："小霞，这个学期有什么打算？"

小霞想了想说："我会继续保持语文和英语成绩优势，同时努力学好数学。"妈妈又问她："那要怎么学好数学呢？"小霞又想了想说："我会多做一些题！"但是过了一会儿，她又有些伤心地说："可我觉得还不够，以前我也做了很多题！"

妈妈这才语重心长地对她说："做题应该建立在你对知识有一定了解和熟悉之上，盲目地做题是没有效果的，"在妈妈的帮助下，小霞确立了提高数学成绩的长期和短期学习目标和周密的计划。一段时间之后，她的数学成绩果然提高了许多。

父母应该启发孩子自己确立学习目标，而不能越俎代庖地替孩子制订一个学习目标，这样既不尊重孩子，也难以让孩子自觉、主动地学习。因此，父母要与孩子一起商量，根据实际情况帮孩子确立一个切实可行的学习目标。

建议三：帮孩子把大目标分解成小目标

学习目标如果过于遥远和庞大，往往难以激励孩子即刻采取行动去学习。因此，父母应该告诉孩子把大目标分解成一个个小目标，最好具体到每一天需要完成的目标。

孩子想要学好数学，这是一个长期的目标，那么具体到每一天的目标是什么呢？那就是学习一节新知识，并且做适当的题来巩固所学知识。

没有小目标的实现，大目标就失去了支撑。父母在帮助孩子确立远大的理想后应该指导他们从小目标开始做起，孩子便会感受到长远理想和具体目标的巨大激励作用，激发他们学习的强大动力。

建议四：让孩子学会修正学习目标

父母是孩子人生中的第一任导师，应该时刻准备好指导孩子走出学习或者生活的误区。孩子的学习经验有限，制订出来的学习目标肯定有许多实践起来会有困难或者明显存在很大不足的地方。

此时，父母就可以利用自己的经验，告诉孩子适时适当地修正自己的学习目标，父母可以告诉孩子一些修正学习目标的方法以及修正的合适时间。例如，当孩子发现自己制订的学习目标严重不符合实际情况或者实际情况发生变化时，父母就需要教孩子根据实际情况来修正学习目标了。

建议五：鼓励孩子把目标坚持到底

如果学习目标与实际情况符合，那么父母就应该鼓励孩子把学习目标坚持到底。如果孩子缺乏坚韧的意志力，那么再好的学习目标也不过是镜花水月。

11 岁的秦燕，就是一个缺乏耐心和意志力的孩子，她每个学期都会为自己设立许多的学习目标，但是许多目标中途都放弃了。

一星期前，她制订了一个学习 500 个英语单词的目标，每天的学习目标是 10 个单词，每星期 50 个单词，星期四和星期日用来复习单词。但是这个目标确立不到两天，她就开始抱怨："我的功课太多了，这个学习目标对我来说太不符合实际了。"

妈妈听后，便鼓励她："一天 10 个单词，只需要半个小时的时间。只要你坚持下去，一定可以做到的。"

在妈妈的鼓励下，她终于坚持下去并顺利达到了学习 500 个英语单词的目标。

孩子做事没有意志力，常常半途而废，因此父母应该及时为他们加油鼓劲，鼓励他们坚持到底。

六、要掌握科学的学习方法

诚诚今年上初二，学习非常刻苦，但成绩却不理想，诚诚的家境不太好，父母都是普通的工人，但他们对孩子的学习寄予了很高的期望，甚至不惜借款也坚持把孩子送到市里最好的初中就读。

诚诚是个懂事的孩子，他努力学习，但成绩却总是不理想。有一次，他把自己的期中考试卷拿回家。父母一看，直摇头，但是看到儿子低头不语的神情，想起他每天刻苦学习的情景，就不忍心责备孩子了。

父母百思不得其解，他们甚至怀疑孩子的智商是否正常。但是诚诚在生活上懂事、明智的表现推翻了他们的怀疑。这下他们更不明白了，"为什么孩子付出了那么多努力，成绩却总也提不上来呢？"

这个例子中的诚诚之所以成绩不好，可能是因为没有掌握科学的学习方法。所以学习才没有效率。

正确的学习方法可以极大地提高孩子的学习效率，让他们体会到成功的喜悦，从而激励他们更加热爱学习。有人曾经说过，孩子的学习就像过河，科学的学习方法就好比桥和船。不解决桥和船的问题，孩子永远都到不了河对岸。学习也同样如此，不掌握科学的学习方法，孩子永远都无法体会到学习的真谛，也难以真正学会学习。

相关教育专家研究发现，那些在学校成绩优异的孩子并不是那些终日刻苦的"书呆子"，他们比其他同学更加注重游戏和玩乐，看起来也非常开心。许多高考状元都表示自己即使在高考前一两个月依旧保持着轻松、愉快的玩乐，但是却并没有影响学习。

因此，父母不应该只盯着孩子学习的时间，而应该帮助他们掌握科学的学习方法，帮他们找到一条最好的船，尽快到达成功的彼岸。

学习方法是孩子学习时最有力的武器，它可以帮助孩子战胜学习途中的各种困难，帮助孩子顺利地穿过汹涌澎湃的河面，到达知识的彼岸。如果孩子没有掌握科学有效的学习方法，即使拥有满腔的学习热情，即使制订了周密的学习计划，即使有追求知识和理想的强大动力，他也只能望着眼前奔腾的河水而望洋兴叹。

如果没有科学有效的学习方法，孩子辛苦努力却难以达成目标，这会让他们从心里厌恶学习，学习兴趣也会逐渐丧失。作为父母，应该帮助孩子选择一种最适合的学习方法，避免孩子在学习的航行途中触礁，使孩子真正学习到知识。

建议一：让孩子明白正确的学习方法的重要性

父母要指导孩子掌握科学的学习方法，首先就应该告诉他们正确、高效的学习方法对学习的重要意义。

高效的学习方法就像一把锋利的斧子，利用它就能够在相同的时间内学习到更多的知识。如果孩子没有掌握正确的学习方法，纵然他们有满腔的学习热情，有自觉、主动学习的动力，也只是蛮学、苦学，难以取得很好的成绩。

建议二：指导孩子根据情况选择学习方法

每个孩子的具体情况不太一样，因此父母需要指导孩子根据自身的特点来选择最适合自己的学习方法。世界上不存在一种对每个人都适用的学习方法，因为每个人都与他人存在着不同，因此，哪种学习方法最能帮助孩子提高当时的学习效率，哪种学习方法就是当时最有效的。

如果孩子非常讨厌学习，学习时注意力不集中，那么父母可以先用多感官学习法，鼓励孩子使用多重感官来学习，帮助孩子集中学习的注意力，提高学习的自主性。

建议三：让孩子学会正确的预习方法

正确的预习方法可以指导孩子在课前做好充分的准备，以便在课堂上学习到更多的知识，很好地掌握重点、难点。因此，父母应该指导孩子掌握正确的预习方法。请看下面的事例：

绍辉今年 11 岁，学习成绩一直不太好。他从来不预习功课，这让父母看在眼里、急在心里。

每次妈妈让他预习功课时他总会说："你看看，我每天要做那么多作业，哪里有时间预习呢？而且预习有什么用啊，反正老师都会讲的嘛。"

妈妈便告诉他："老师讲课是针对全体学生的，但是你们每个人的知识水平不一样，你得事先预习，清楚自己需要重点听哪些内容啊，这样才能更好地学习知识。"绍辉答应了，开始预习新内容，但一段时间之后，他的成绩一点都没有长进，以后便再也不预习了。

父母应该指导孩子运用科学的方法进行预习，如先把教科书看一遍，运用自己已有的知识和经验来理解书本知识，遇到不懂的问题都做上标记；另外，父母还可以鼓励孩子试做一下课后习题，以此来检验一下预习效果。

建议四：教会孩子正确的听课方法

一个孩子是否掌握了正确的听课方法与他们的学习成绩直接相关。如果孩子没有掌握正确的听课方法，那么他们就难以在课堂上学习到最主要的知识，自然难以取得良好的成绩。相反，如果孩子掌握了正确的听课方法，那么他们就能更容易地取得好成绩。

父母应该告诉孩子：在课前准备好课堂需要用到的学习用品，避免上课时花费太多时间来寻找学习用品，影响了听课；听课时应该专心致志，而且应该重点听那些自己有疑问的知识点；对自己没有弄明白的知识点，应该及时地向老师提问。

建议五：教会孩子正确的复习方法

正确的复习方法可以帮助孩子巩固新学的知识点，达到更好的学习效果。一个不懂得复习的孩子，学习成绩必然会大打折扣；而一个懂得复习的孩子，则永远学习得轻松、愉快，而且学习效果也很好。

有个叫杨晓叶的孩子，今年 10 岁，学习成绩不太好，因为她从来不复习。每天放学后，她急急忙忙地写完作业，便开始看电视或者玩游戏。

妈妈经常对她说："你把今天学习的知识复习一下，巩固一下学习效果。"杨晓叶闷闷不乐地回到书房，没精打采地看了两下就开始发呆，然后对着妈妈喊："怎么复习啊？"

妈妈便告诉她："复习也应该有计划，而且最好跟着老师讲课的进度来。老师今天讲了什么内容，你回到家后应该把课本上的知识再看一遍，然后做一些题巩固一下。而且每周、每个月都应该有一个复习回顾。"

父母应该告诉孩子正确的复习方法，指导他们根据自己的实际情况和老师的教学进度制订一个科学的复习计划。只有拥有正确的复习方法和良好的复习习惯，孩子才能更好地掌握新知识。

建议六：教会孩子正确的考试方法

许多孩子平时的学习时状态都非常好，但是考试成绩却常常不尽如人意，让父母跌破眼镜。其实这就是孩子没有懂得正确的考试方法造成的。

因此，父母应该指导孩子掌握正确的考试方法：考试前鼓励孩子与朋友或者亲人聊天，以缓解考试的压力；考试时应该专注于做题，不要太计较分数；动笔前应该先把试卷通看一遍，先做那些自己有把握的题目，然后再去攻克那些难题；答完题后应该细心检查，等等，这样孩子才能发挥出最佳的水平。

七、孩子逃课怎么办

立立的成绩一直处于中下游，每次过年都让他很难受，因为表弟表妹的考试名次都比他要高很多。他也刻苦过，可是成效不大。他觉得自己的努力最后都是白费，从而产生了厌学情绪。

立立的数学成绩是最差的，现在他只要一上数学课。就觉得特别难受。一整节课，他几乎是在听天书。时间一长，立立就开始逃课。他觉得反正上课一点也听不懂，还不如在家玩游戏。

一个学期下来，立立的数学成绩排在全班倒数几名。父母想着要提高他的学习成绩，但是只要一和立立谈数学，他就发脾气。他还声明，最不喜欢的老师就是数学老师。

厌学情绪使立立对学习产生厌倦甚至厌恶心理，因而用逃避的心态来面对学习。它和孩子是否聪明没有关系，但会直接影响孩子的学习成绩及身心健康。和立立一样，孩子大多是因为学习跟不上，受到来自老师、家长、同学的压力、责怪和鄙视而出现厌学情绪的。

孩子出现厌学情绪时，上课会不认真听讲、无故缺席、顶撞老师，对学习态度很消极，无法提起学习兴趣。孩子在学习中没有获得成就感，是孩子厌学的真正原因。

孩子出现厌学情绪后，会对学习成绩造成极大的影响，孩子的听课是非常重要的，这是他们接受新知识的主要途径。如果厌学情绪严重，就会影响听课的质量，如此一来，也会导致成绩直线下降。

孩子的成绩总是不见提高，就会让孩子失去在学习中获得的成就感。孩子无法得到成就感，也就更加提不起学习兴趣，这是一个恶性循环的过程。父母对孩子学习的态度很重要，太严或太松都不利于孩子产生学习兴趣。

孩子在学习过程中产生的负面情绪，家长要及时进行排解。如果孩子的不良情绪郁积，也会导致孩子学习兴趣减弱，严重时，孩子就会产生厌学情绪，孩子的厌学情绪出现于各个年龄阶段，父母要为孩子树立正确的进步观，帮孩子摆脱厌学情绪的困扰。

建议一：莫让过分期望压垮孩子

父母对孩子的学习期望要合理，不能盲目乐观也不能过低。父母一定要注意，不能让孩子在超负荷状态下学习。孩子压力过大就会出现逆反心理，因为无法达到父母的期望值，最终会导致厌学。父母要为孩子设立一个合理的学习目标，只要孩子能够达成，就给予一定的鼓励。

合理的期望，能够让孩子在学习中获得成就感，这是孩子持续努力下去的动力。父母不能给孩子约法三章，并买大量的参考书让孩子学习，或严格要求每次考试要达到的名次等。这些硬性规定，容易给孩子造成过大压力，减弱其学习兴趣。

父母要面对现实，客观估量孩子的学习状况，不要给孩子提过高的学习要求。如果孩子产生畏学、厌学情绪，父母也要检讨一下自己，是否向孩子提出了不合理的要求。父母合理的做法是多给予孩子鼓励、表扬，重视孩子取得的学习成绩。

建议二：帮孩子树立正确的学习观

父母要帮孩子树立一个正确的学习观，并不是分数、名次进步了才是学习进步了。这样容易让孩子不重视夯实基础知识，只在乎考试成绩，从而容易导致孩子考试成绩很好，但是能力却很一般。请看下面的事例：

陈普从小就喜欢英语，父母也很支持他，还主动给他找了几个外国朋友，让孩子有机会多和外国人接触。陈普的英语口语很好，但是他的英语成绩每次在班上只占中上等，这让他很苦恼。

陈普把烦恼告诉妈妈，妈妈却说："不要灰心，你的口语好，这是一种重要的能力。不是所有的进步都能用分数衡量的，你要正确认识自己的这种能力。"陈普又找回了自信。在奥运会期间，他还申请做志愿者。他是班上唯一一个人选的。

父母要帮孩子树立正确的学习观，不是一味地追求高分数。如果把孩子培养成了只会考试的机器，而忽视了对孩子个人能力的提高，也是得不偿失的。孩子厌学多半是因为他们过于看重分数，而忽视了学习知识的乐趣。

建议三：教给孩子科学的学习方法

"最有价值的知识是关于方法的知识"。孩子学习成绩总提不上来，产生厌学情绪，一定与学习方法有关系，正确的学习方法。能够让孩子学习时事半功倍，从而提高孩子学习时的兴趣。

有个叫陈小语的孩子，刚上小学一年级，她的字写得特别工整、漂亮。老师经常夸奖她的字写得好，可是她有个问题，就是每次听写汉字，都会错很多。老师仔细观察了一下她的情况，发现她在写字时，每一笔一画都要看书。

发现问题后，老师就对她说："以后写字时可以先看着书把字写正确。在写了几遍之后，就不要每一笔一画都要看了。这个时候要做到只看一眼，就能够自己把字完整地写下来，这样就可以完整地记住汉字了。"陈小语试了一个星期，果然很好。

父母教给孩子科学有效的学习方法，能够让孩子在学习中更快取得进步。孩子学习进步了，才会越学越有兴趣，这样就不容易产生厌学情绪了。

建议四：克服孩子的自卑心理

有厌学情绪的孩子，内心深处都会有一种自卑感。在这类孩子的心目中，他们往往会觉得老师、同学都瞧不起自己。只要一碰到自己学得差的科目的任课老师，就会觉得尴尬和自卑。

孩子的这种心理，可以通过多和老师沟通，多向老师请教，得到一定程度的缓解。父母要鼓励孩子多去和老师交流，扭转他的错误认识。孩子自卑或觉得老师瞧不起自己，多半是孩子自己想多了。

父母也可以和老师配合，让孩子觉得"老师瞧得起我"，从而扭转孩子对学习的负面情绪。良好的心理状态，是孩子爱学习的基础。

建议五：注意对孩子的批评尺度

父母在批评孩子的学习时，要注意语言、场合和尺度，要多用激励的方法来指导孩子用心学习，少用批评、责怪的方式。父母对于孩子学习上任何的进步都要及时给予肯定和表扬，让孩子有成就感，才能克服他们的厌学情绪。请看这样一个事例：

宁宁的学习成绩每次都是全班最后几名，而邻居家的王刚每次都考前几名，两人的成绩正好形成鲜明对比。每次考完试，妈妈总爱拿王刚跟他比，还大声训斥他，说他给父母丢脸。

有几次，王刚过来玩，妈妈也是不失时机地教育宁宁，这让他抬不起头来。此后，宁宁开始逃学，宁愿装病请假，也不想到学校去。一碰到考试，宁宁更是请病假不去学校。妈妈则对他更加频繁地训斥、讽刺。现在只要一提学习，宁宁就喊头疼，显然这和他妈妈不当的教育方式有很大关系。

孩子有了厌学情绪，父母过多的责骂，只能让情况越来越恶化，丝毫起不到化解的作用。父母要注意自己对孩子学习问题的批评方式，不要让孩子因为自己不良的家教方式，而产生厌学情绪。

八、从小就让孩子听故事，讲故事

夜已经很深了，王伦甜甜地睡了，床头放着一本《幻想世界》。从他3岁开始，每天晚上临睡前，爸爸都会给他读一个小故事。他现在已经6岁了，会讲的故事是班上最多的，每到课间，小朋友们都喜欢围着他听故事。

王伦7岁时，能够认一些简单的拼音和字，这时他开始独自阅读。当时家里最多的书就是各种带拼音的儿童读物，王伦每读完一本书，都会向同学们介绍。现在大家想看童话书，都会让他推荐。

王伦的语文成绩几乎每次都是一百分。他现在是班上生字词认得最多的人。大量的阅读让他的词汇量很丰富，写出的作文也很精彩。

上面的事例说明，多读书对孩子的成长是十分有益的，家长应鼓励孩子多读书。

书籍是他人人生经验、人生智慧的文字记录。阅读书籍的人就是在阅读他人的人生智慧。

书籍是人类进步的阶梯，是智慧的源泉。一个博览群书的人，就算没有获得巨大的成功，在生活中也能活得睿智、通达。年幼的孩子要陶冶情操，要塑造个性，要知人情世故、情感纷扰，那就来读书吧。

书籍是全人类智慧的结晶，任何人的成就、经验都能通过书籍获得。由于幼儿的认知能力及程度不同，需要有计划地学会读书。父母要了解不同阶段孩子的心理特点、生理特点，为他选择合适的读物，让孩子喜欢上读书。

孩子两岁左右，读物要贴近生活，以识物、辨色为主；三岁左右的孩子开始对周遭的事物感兴趣，可以多一些故事、想象类的读物；四岁时，孩子的理解力增强，可以读一些问答、思考类的读物；五岁是幼儿发展的重要时期，可以看一些富有社会意义的书籍。

孩子在五岁以后，随着自己的识字量提升，能够独自阅读一些简单的幼儿读物了。此时，父母不用陪伴，孩子也能独立阅读。读书的习惯，就是这样一步一步培养起来的，孩子喜欢上读书，离不开从小的熏陶、培养。

书对于孩子来说不只是读物，更是朋友和玩具，是陪伴孩子成长的重要工具。孩子一旦与书结缘，必定会获得更加理智、丰富的人生。书的世界是一个丰富的知识海洋，孩子可以从中获得知识，获得娱乐，也能够收获丰富的人生经验。

孩子并非天生爱书，对书籍的热爱需要慢慢培养。父母要引导孩子走入书的殿堂，让孩子从小对书产生兴趣，让书籍一直陪伴孩子成长。

建议一：从听故事开始，让孩子爱上书

每一个孩子最初接触书籍，几乎都是从听故事开始的。父母在孩子两岁左右，有自己的情感时，就可以给他讲故事了。故事有它迷人的地方，它是孩子了解世界的开始，父母要开启孩子的这扇心门。请看下面的事例：

同同刚刚两岁，现在他每天睡觉前，都会念叨着："故事，故事。"这时候，爸爸就会满脸笑容地走进来说："好，同同快躺好，今天的故事要开始了。"爸爸给他讲的是《格林童话》，现在正听到《拇指姑娘》这一则。同同听得很认真，便对爸爸说："你给我买一个拇指姑娘吧，我想要。"

爸爸看着他说："你快睡吧，晚上在梦里，你就能和她见面了。"同同马上听话地睡着了，嘴角还留着微笑。每天早晨，同同都要报告他的梦，多数的梦境都和童话故事有关。

父母不要因为工作繁忙，就忽略了给孩子讲故事。孩子从接触声音开始，就在体味阅读了，这是孩子与生俱来的本能。听故事是孩子通往现实世界的最初道

路，也启发了孩子的创造力和想象力，培养了孩子和书的感情。

现在的父母都舍得为教育投资，他们为孩子买各种益智玩具、科普图书，报各种技能培训班等，但就是忽略了陪孩子阅读。这恰恰是最重要的，父母一定要重视。

建议二：为孩子选择合适的读物

图书市场很庞杂，每个孩子的不同成长阶段，适宜读的书都不相同。父母要做好孩子读书的把关人，将合适的读物推荐给孩子。从年龄上讲，2～5岁的孩子各有侧重，父母可以参照上文的论述进行选择。从种类上讲，孩子还是多看一些儿童读物为佳。

早期应多选择童话、科普、科幻类的读物，启发孩子的想象力、创造力。孩子的想象力是最丰富的，还没有被现实陈规所束缚，这类读物很适合儿童。每一本书都是一个世界，孩子会用书中的世界来评判现实，好的书籍才是孩子成长的养料。

随着儿童图书市场的繁荣，各种识字读本、快餐读物、教辅读物、动漫卡通，占满了整个市场，鱼龙混杂。孩子年纪小，根本无法去选择好读物，一些高档化、贵族化、功利化、商业化的儿童读物常常会吸引孩子的视线。有营养的才是最好的，内容是关键，父母要做好孩子读书的把关人。

建议三：教给孩子正确的读书方法

孩子能够独立阅读之后，就要注重读书方法了。读书是一门学问。更是一门艺术。同样一本书，同样的时间，不同的人能读出截然不同的结果。下面的事例足以说明这个问题：

爸爸为晴晴订了好几套少儿读物，每次新书到了，她都第一个冲向邮箱拿出来阅读，一本书她不到半天就看完了，爸爸问她有什么感受，晴晴回答："没什么感受啊，挺好看的。"爸爸仔细观察，发现女儿只喜欢看图，很少看文字。

于是，爸爸拿起书，认真地陪晴晴看完了一个故事，然后给女儿讲述，晴晴觉得有意思极了，还迫切地想知道结果怎样了，爸爸就问她："你刚刚不是看了吗？""我只看了图，玩了上面的游戏。"晴晴小声地回答。爸爸便说："你要用心来读这些配图文字，这样才能读懂故事。"

孩子刚开始阅读时，会有许多不良的阅读习惯，父母要仔细观察，一旦发现就要及时指正。读书时用心去读最关键，孩子若只浮于字面，无法沉浸到故事中，就体味不到阅读的乐趣。随着年龄的增长，孩子还可以学着做读书笔记，写读书心得，更好地体味书籍中的精华。

建议四：鼓励孩子多读点杂书

杂书不杂，它反映的是社会生活的各个方面。孩子要想客观、全面地了解社会，就要学着广泛涉猎、博览群书。音乐、美术、体育、小说、杂评、家居、养生等体现生活的各个方面，都蕴藏着丰富的知识。杂书能开阔孩子的视野，让孩子用更全面、更多维的视角去看待生活。请看如下事例：

爸爸曾对源源说："读书要不拘一格，广泛涉猎才能辨真伪、识优劣，获得全面的知识。"源源对此话深信不疑。自从学会了认字，源源各种杂书都看，有小说、杂评、志怪、曲艺等。源源说，他90％的知识都是从书籍中得来的。

源源是班上的语文课代表，他的作文写得特别好，常常是谈古论今、引经据典，老师都赞叹他知识储备丰富。

学问大家多是博览群书的人。任何一门学问，都离不开其他领域知识的支撑。没有所谓的独门，每一个成为大家的人，都要广泛涉猎各个领域，先要成为一个"杂"家，再成为某一领域的专家。哪怕孩子看武侠、言情的书，只要他感兴趣，父母也不要强行制止。

"闲书"不"闲"，它能从各个方面拓展孩子的视野。生活中处处皆学问，每一个领域的书籍都能为孩子打开一扇门，走进去，孩子就能感受到更丰富的人生。

第五章
教会孩子合理支配时间

一、让孩子做时间的主人

二、孩子的时间由他自己安排

三、给孩子一个计划

一、让孩子做时间的主人

已经晚上十点了，聪聪还在做作业。刚放暑假，聪聪在爸爸的指导下，制订了一个时间计划表。前天，妈妈给聪聪报了一个游泳班，每天要参加 3 个小时的游泳训练。随着时间推移，这两天聪聪每天做作业都到很晚。"聪聪，还有多少啊？"妈妈走进房间，看见儿子满头大汗，心里一阵心疼。

"嗯，还有一半呢。"聪聪转过身子，小声回答着，"游泳以后……"聪聪想补充什么，可是欲言又止了。

"参加游泳以后，时间不够了吗？"

"嗯，也不是……"聪聪磨蹭着。

"孩子，想一想怎样能让你的时间安排和游泳两不误呢？你要做时间的主人，主人是不能偏心的，你把睡觉时间拖延了，可现在已经困了，既没有做题效率，又亏待了睡觉，白天你有很多短的时间段，可以划分出来写作业啊。"

妈妈说完，聪聪觉得眼前一亮，说："妈妈，也就是说我抽时间一次完成一点，游泳回来再写剩余的，而不是都等到游泳以后再写。"

妈妈听完儿子的话，开心地笑着点点头。"妈妈，您放心，我一定会当好时间的主人的，绝不偏心了。"聪聪高兴地回答道。

聪聪因为游泳占用了很多时间，所以打乱了时间计划。其实，在妈妈看来，写作业的时间还是有的，主要是他愿意不愿意挤，聪聪很快就悟到了妈妈的意思，要他做时间的主人。

善于利用自己时间的人，将会获得高效率的办事结果，也是最能出成绩的人。合理安排时间就等于节约时间，要见缝插针，不要浪费每一秒钟。家长应指导孩子合理安排学习和作息时间。增强孩子的时间观念。知道珍惜时间，这样还可以使孩子的生活不再杂乱无章。

孩子能否安排好自己的时间，与他的学习效率有很大的联系。不珍惜时间，无法合理安排时间的孩子，往往缺少自我控制的能力，缺乏不断前进的动力。如果父母在早期教育中让孩子养成良好的时间观念，就等于给了孩子知识、力量、聪明和美好的开端。周恩来小时候的故事，对我们应当有启发：

周恩来小的时候，非常好学，每天鸡叫三遍过后，周家花园里就会传出阵阵朗朗的读书声。为了过好习字关，他除了认真完成老师布置的作业外，还坚持每天练一百个大字。

有一天，周恩来随妈妈到一个路途较远的亲戚家，回来时已是深夜了。一路上风尘劳累，年幼的恩来已经筋疲力尽、呵欠连天，上下眼皮直打架，但他仍要坚持练完一百个大字再休息。妈妈见状，心疼不过，劝道："先睡觉，明天再写吧！"

"不，妈妈，当天的事当天了！"周恩来说服了妈妈，接着把头埋在一盆凉水里，一下子把瞌睡虫赶跑了，头脑也清醒多了。

一百个字刚写完，妈妈一把夺过恩来的笔说："这下子行了吧，快睡觉！"

"不！"周恩来仔细看完墨汁未干的一百个大字，皱着眉头认真地说："妈妈，你看这两个字写歪了。我必须把大字写好以后，才能睡觉。"

说着，周恩来白嫩的小手又挥起笔来，把那两个字又写了三遍，直到满意为止。

法国思想家伏尔泰曾出过一个意味深长的谜语："世界上哪样东西最长又是最短的，最快又是最慢的，最能分割又是最广大的，最不受重视又是最值得惋惜的？没有它，什么事情都做不成，它使一切的东西归于消灭，使一切伟大的东西生命不绝。"这是什么呢？答案就是时间。

伏尔泰解释说："最长的莫过于时间，因为它永无穷尽；最短的也莫过于时间，因为我们所有的计划都来不及完成。在等待的人，时间是最慢的；在作乐的人，时间对他是最快的。它可以扩展到无穷大，也可以分割到无穷小；当时谁都不加重视，过后谁都表示惋惜；没有它，什么事都做不成；不值得后世纪念的，它都令人忘却；伟大的，它都使它们永垂不朽。"

二、孩子的时间由他自己安排

可怜天下父母心，为人父母者无不希望自己的孩子学习好，有出息。可是有些父母往往在盲目追求孩子的学习成绩的时候，却疏忽了孩子的内心感受。强迫性地让孩子学习，其效果并不见得有多好，不如把主动权交给孩子，让他们自己安排学习的时间。请看下面的事例：

葛超上学前，家人给葛超定了一条规矩，放学回家马上做作业，然后才可以玩，作业没做完之前，全家谁也不许开饭。很快，葛超从尽情玩乐到了整天上课的中学，妈妈告诉葛超："以后，你要学会控制自己，自己安排学习的时间。"葛超十分欣喜。

刚开始，葛超做得挺好。有一次放学后，葛超经不起小伙伴的劝说，先到楼下玩去了，妈妈下班后他才赶紧跑回去做作业。那天，他写作业，妈妈故意不进厨房做饭，也不让家人做饭。晚上七点多，葛超忍不住催妈妈，妈妈心平气和地告诉他，什么事情都没有学习重要，必须等你做完作业。结果，全家人八点才吃上饭。妈妈对吃得狼吞虎咽的葛超说，你自己安排的学习时间就应该遵守。因为你没及时做作业，耽误了全家人开饭，而且我们饭后的散步、看电视都不能进行了。这次以后，葛超更加注重安排自己的时间了。

　　自己安排学习时间，对现在很多的孩子来说是那么遥不可及。辅导孩子的功课是很多家长心目中一件大事。有的家长不仅为孩子所上的各种兴趣班陪读，连作业都天天代为检查。其实妈妈可以告诉孩子，妈妈有自己的事情，你的任务就是学好功课。家长要让孩子明白。有了错误不要紧，发现了学习的漏洞，只要把不会的、不懂的及时向老师学会就可以了。

　　有些孩子做事的随意性很强，自我控制能力较差。常常是一边吃饭，一边玩耍；一件事情还没有做完，心里又想着另一件事情；做事总是杂乱无章，缺乏条理。这时候，父母如果不加注意，就会让孩子养成"拖拉"的坏习惯，久而久之，这种坏习惯会根深蒂固。对于孩子来说，如果他有良好的学习习惯，他体现出来的能力也是超乎想象的。也就是说，只要孩子拥有良好的学习习惯，智力天赋并不高的孩子，也能够取得很好的学习成绩，也能够在学习中取得成就。在安排时间上，我们每一个人都应该向富兰克林学习。

　　富兰克林是美国著名的科学家、《独立宣言》的起草人之一。一次，有人问他："您怎么能够做那么多的事情呢？而上帝也没有多给您一丁点儿时间呀！"

　　"我有自己的时间安排，你看一看我的时间表就知道了。"富兰克林答道。他的作息时间表是什么样子的呢？

　　5点起床，规划一天的事务，并自问："这一天要做好什么事？"

　　8点至11点，14点至17点，工作。

　　12点至13点，阅读、吃午饭。

　　18点至21点，吃晚饭、谈话、娱乐、回顾一天的工作，并自问："我今天做完该做的事情了吗？做好了什么事？"

　　朋友劝富兰克林说："天天如此，是不是过于……"

　　"这已经是我的习惯了，你热爱生命吗？"富兰克林摆摆手，打断了朋友的谈话，说："那么，别无谓地浪费时间，因为时间是组成生命的材料。"学会安排自己的时间，并让这种安排成为你自己的习惯，你就会在成功的路上，多一道希望的光芒。一些父母把自己未来的期望，寄托在孩子身上，这是一件很残酷的事情。其实，不如让他们自己作选择。学习是一个终身的过程，孩子要不断地经历学习、工作、取得经验、再学习这样一个循环往复的过程。

当孩子不能很好地安排自己的时间，或制订的计划难以操作时，父母要给他一定的指导或建议，最好是和孩子一起制订，千万不能命令他、压制他。在时间安排方面，一定要提醒孩子。每天给自己安排玩的时间，或者是孩子自己特别想做的事情。有的家长认为，玩耍会影响孩子的学习成绩，但他们却恰恰忽略了孩子的天性就是爱玩。所以结果往往适得其反。正所谓"玩得好才能学得欢"，孩子学会安排自己的时间，提高学习效率才是关键。

培养孩子自我安排时间的能力，如果孩子能够科学合理地安排自己的时间，就会为自己的日常活动提出独立的、不依附于父母或其他人的规则或标准，这样的孩子就是一个独立自主的孩子了。

三、给孩子一个计划

小敏的爸爸是一位收藏爱好者，他发现自己的女儿做事非常没有条理。这孩子早晨起床常找不到袜子，学习用品或者生活用品常常是乱放，用的时候又拼命地找。为了使女儿养成做事有条理的好习惯，爸爸想出了一个好办法。

有一天，爸爸对女儿说："一个人如果爱好收藏，他就会感到很快乐。"

女儿有些怀疑地看着爸爸，说："是吗？那应该收藏一些什么呢？"

爸爸说："什么都可以，比如你喜欢画画，那就可以收藏各种美术作品。"

女儿说："那很容易，我已经收集了好多书。"

谁知，爸爸却说："'收'容易，'藏'就不容易了。"

女儿有些纳闷了："怎么不容易？"

爸爸说："你做计划了吗？"

"做计划？怎么做？"小敏疑惑了。

"'藏'就是要分门别类，就是要学会条理化。"爸爸解释道。

然后，爸爸就给女儿介绍了国际上流行的一种藏书条理化的"资料十进分类法"。这个分类法就是把所有的资料，由粗到细分成类、纲、项、目四个层次。爸爸告诉女儿，"类"代表知识体系。"纲"代表专门知识，"项"代表专业。"目"代表形式。

在爸爸的指导下，小敏把自己的图书分门别类地整理了一下，而且把经常要使用的书放在比较醒目的地方，把暂时不看的书放在其他地方。这样，她就做到了心中有数，在寻找图书的时候非常方便，渐渐地，小敏学会了做事有条理，她开始注重自己安排事情，比如，书包整理得非常有条理，语文课本、数学课本都是按顺序摆放的。只要把手伸进书包摸到第几本书就知道是什么，再也不用拼命翻书包了。

小敏的爸爸通过指导女儿分门别类地藏书，让孩子知道了计划的好处和重要性。

从上述事例可以看出，在日常生活中，父母做事一定要有条理、有计划。比如，家里要整理得井井有条，东西不要乱放，看完的书要放回原处，衣柜里的衣服要分类摆放等，这些细小的行为都可以帮助孩子养成做事有条理的好习惯。

对于孩子来说，做事有计划是非常重要的。它可以帮助孩子有条不紊地处理应该处理的事情而不会手忙脚乱。做事没有条理的人，他将无法很好地料理自己的生活，也无法很好地进行学习和工作。在走向成功的道路上，做事没有条理、没有计划的孩子将会比其他人走得更辛苦。同样，对于任何行业的人来说，做事有计划都是非常重要的。请看下面的事例：

在某小镇上，有一个做了十几年生意的商人竟然破产了。当一位债主跑来向他要债的时候，这位可怜的商人正在思考他失败的原因。

商人问债主："我为什么会失败呢？难道是我对顾客不热情、不客气吗？"

债主说："也许事情并没有你想得那么可怕，你不是还有许多资产吗？你完全可以再从头做起！"

"什么？再从头做起？"商人有些生气。

"是的，你应该把你目前经营的情况列在一张资产负债表上，好好清算一下，然后再从头做起。"债主好意劝道。

"你的意思是要我把所有的资产和负债项目详细核算一下，列出一张表格吗？是要把门面、地板、桌椅、橱柜、窗户都重新洗刷、油漆一下，重新开张吗？"商人有些纳闷。

"是的。你现在最需要的就是按你的计划去办事。"债主坚定地说道。

"事实上，这些事情我早在15年前就想做了，但是一直没有去做，也许你说的是对的。"商人喃喃自语道。后来，他确实按债主的主意去做了，在晚年的时候，他的生意果然成功了！

做事有计划，不仅是一种做事的习惯，更重要的是反映了一个人的做事态度，也是他能否取得成就的重要因素。一个在商界颇有名气的经纪人把"做事没有条理"列为许多公司失败的一个重要原因。因为，一个做事没有计划、没有条理的人，无论从事哪一行都不可能取得好成绩。

第六章
让孩子由厌学变乐学

一、厌学与乐学的巨大反差

患有厌学症的学生往往学习目的不明确，对学习失去兴趣；不认真听课，不完成作业，怕考试；甚至恨书、恨老师、恨学校，旷课逃学；严重者一提到学习就恶心、头昏、脾气暴躁。

厌学的内在原因是学生在学习过程中的消极情绪体验和自我认识存在偏差，外在原因如社会、学校、家庭的不良影响。要想改变它，就必须探究其原因，对症下药，各个击破。造成厌学的因素很多，既有家庭因素，也有学校因素，同时还有孩子个人方面的原因。据专家研究分析，其主要有以下十大因素：①学习本身的局限性；②学习动机不足或不明确；③学习情感淡漠而没有兴趣；④各个方面的消极评价；⑤教师的因素；⑥对自己没有信心；⑦孩子的生理与心理原因；⑧伙伴关系不良；⑨家庭的因素；⑩学生意志薄弱，耐挫力差。因而便产生了不同类型的厌学：不明白学习的目的容易厌学；对自己没有信心容易厌学；课程太难而厌学；父母过度严厉引起孩子厌学，家教失误导致孩子厌学；沉陷网络游戏而厌学；父母离异、单亲家庭导致孩子厌学；讨厌老师而厌学等等。

怎样用最少的时间、最有效的方法帮助孩子从厌学中走出来，逐步走向好学、乐学、会学的学习中去，是家长急需解决的问题。

家长应告诉孩子，知识就是力量，知识就是财富。书是人类智慧的结晶，是知识的宝库，是引导自己进步的最好老师。21 世纪是"知识爆炸"的信息时代，知识经济的时代，只有勤奋读书，才能适应现代社会的需要，成为新世纪的强者。

这些道理要给孩子讲，可是大多数孩子特别是较小的孩子听了这些话都是似懂非懂，感到很遥远，很虚幻，没有什么实际作用，更提不起学习的兴趣。

针对这种情况，家长可采取多种方法让孩子懂得这方面的道理。

讲故事就是一种好办法。下面几个故事，说明了学习的重要性以及孩子对学习应有的态度，寓教于乐，孩子就能听进去。

"低能儿"爱因斯坦成为大科学家

著名科学家爱因斯坦小时候有口吃的毛病，他的父母认为他是个低能儿，可他们做梦也没有想到儿子将来会成为举世公认的大科学家。

爱因斯坦5岁的时候生了一场病，他躺在床上，无精打采。父亲见他病成这样，非常心疼，为了让他高兴，就给了他一个指南针玩。

小小的指南针立刻引起了爱因斯坦的兴趣，他拿在手里爱不释手。他发现不管把指南针怎么放，它的针总是指向一个方向。他感到很奇怪，于是就问爸爸："爸爸，它为什么总是指着一个方向呢？"父亲看着儿子对指南针产生了兴趣，感到很高兴，就耐心地给他解释。父亲的解释让他对自然科学产生了兴趣，是指南针开启了小爱因斯坦的好奇心，他觉得大自然太神奇了。

从此以后，爱因斯坦的心中便埋下了好奇的种子，正是这种好奇心的驱使，他创立了相对论，成了大科学家。

有了好奇心，就会去探究它，就有可能在探索中发现科学家没有发现的东西。"低能儿"能成为大科学家，说明了天才在于勤奋，任何人都不要有自卑感。

以学为乐的颜渊

孔子的弟子中，出了一位大名鼎鼎的人物，那就是被后人称为复圣的颜渊。

颜渊，名回，字子渊，春秋末期鲁国人。颜渊出身贫苦人家，上不起学，但他有幸遇到了孔子，再加上他天资聪颖又勤奋好学，是七十二贤人中孔子最为得意的门生。

颜渊把全部精力都用在了学习上，全不在意贫穷和苦累，在学习中获得了最大的快乐。孔子曾对人称赞颜渊说，他只有一竹筐饭，一瓢水，一间破旧的屋子，别人都忍受不了这样的困苦，他却能照样快乐地学习，他的品德真高尚啊！

为了更好地向孔子学习，颜渊过着极其艰苦的生活。他认为如果不能学得像孔子那样，就是富有天下，自己也不会快乐的。这是他内在精神世界里的真正快乐，是任何外在豪华物质享受的快乐都不能相比的。

当然，颜渊也有他的苦恼，那就是孔子太卓越、太高尚、太伟大了，他觉得自己不论怎么努力，也都不能学到老师那样。其实，他的这种唯恐学不到老师学问的苦恼心情，正是他学习志趣的所在之处。

由于颜渊勤学苦读，他的学识水平和德行修养都达到了相当高的程度，所以他死后才被人们称为"复圣"。

颜渊以学为乐，成了复圣。其实，做什么事情，都有一个兴趣问题，人们如果从小就注意培养自己对学习的兴趣，并保持始终，就一定会取得优异的成绩。

还可以结合实际，告诉孩子学习有很多具体的、实实在在的好处。

有一个孩子本来不太喜欢学习，就喜欢玩各种网络游戏。可是突然在一段时间里，他对好几门学科都产生了浓厚的学习兴趣，他的同伴很不理解。他对同伴说："爷爷告诉我，网络游戏虽有趣，但只有掌握更多知识的人才会知道它真正的乐趣在哪里。比如那个关于三国的游戏，如果你不了解那段历史，你就不知道那些错综复杂的人物关系，如果你不懂一点军事常识，你就不知道排兵布阵中的奥妙和乐趣。还有你喜欢看日本漫画，如果你了解日本的风土人情，甚至你懂得日语，就更能理解其中的语言幽默。所以我要多学习各种知识，以便深入体会游戏和漫画的乐趣。"

二、让孩子有学习动机

为什么同是一个老师、同是一个班级的学生，学习成绩差别那么大？原因是多方面的，其中主要是非智力因素的作用。

美国心理学家韦克斯勒对 40 余名诺贝尔奖得主进行调查，发现他们大部分的智力是中等或中等偏上。心理学家认为，人的成功，智力因素约占 20%，非智力因素约占 80%。

非智力因素，指那些不直接参加认知行为，但对认知行为起着重要影响的心理因素，如动机、意志、兴趣、情绪、性格、习惯等。这里讲的动机，就是梦想、理想、人生目标。为实现人生目标，人们就会逐步对某项事业产生兴趣，进而形成志趣、志向、特长。为实现人生目标，人们就会有好的情绪，好的精神状态，养成好的性格，形成好的习惯。为实现人生目标，人们就会有坚强的意志，坚忍不拔的毅力，就能勤奋刻苦，自得其乐。据专家抽样测试，人群中超智和弱智孩子各占 2% 左右，其余 95% 以上的孩子智力相差无几。家长认为自己的孩子笨、智力弱是不对的。为什么孩子的学习成绩悬殊那么大？这完全取决于非智力因素，而非智力因素中具有决定性的因素就是人生理想、目标和意志。而坚强的意志又是在远大的目标支配下形成的。远大的目标产生巨大的动力和坚忍不拔的意志。李小龙有将中国功夫弘扬世界的理想目标，才能有坚强的意志，强大的实力，创新了中国功夫截拳道，成为世界冠军、拳王。

学习动机是激发一个人进行学习活动，以达到一定学习目标的内部心理状态，常以理想、信念、志向、目标、需求、兴趣、愿望等形式表现出来。学习动机就像带动机器转动的马达。高尔基说:"在生活中,没有任何东西比人的行为动机更重要、更珍贵了。"没有目标的努力,就像在黑暗中远征。

现在有些孩子的学习目的不明确,不正确,积极性不高。有的误认为自己是在为父母学习,为他人学习。父母对孩子过高的期望、过多的干涉、过多的指责,以及不恰当的诱导,如考试成绩好,就可以要什么给什么;考试成绩差,就会受到责骂等等,都会让孩子对学习失去兴趣,从而没有自觉性,没有激情。孩子学习的动机不同,激情不同,力度不同,效果也不同,开出的花、结出的果就不一样。比如小学六年,孩子成绩拉开了距离,初中三年之后,有的上示范高中,有的上普通高中,有的上职业高中,当然这都是社会的需要,个人的能力不同,但差异化程度已表现出来了。

远大美好的理想、目标产生巨大的动力。一个孩子只有把学习和远大的目标联系起来,才会有强大的动力,才能提高对学习的兴趣和积极性。对于今天的孩子,将自食其力的责任、振兴民族的责任交给他们,是最重要的。教孩子为生存而学,为发展而学,为祖国、为人民而学,为成才、成功而学。要让孩子明白,他们是主宰自己命运的主人,他们要为自己负责,为家庭负责,为国家负责。上学读书是他们自己的事,今天的学习是为明天做准备,为明天打基础,所以要对自己的今天负责,家长没有义务替他包办一切,需要他自己立志成才,报效祖国,服务人民,自觉勤奋学习。

三、把孩子学习动机的强度调到最佳状态

在正常情况下,学习动机的强度与学习劲头、效率成正比,学习的动机越强

烈，学习的效率越高；反之，则越低。但是，在特殊情况下，学习动机过强，家长对孩子的要求过高过急，孩子的学习效率反而不高。要把孩子的学习动机的强度调至最佳状态，这就是家长的教育艺术。

学习压力过大，可能造成孩子的厌学情绪，甚至可能压垮孩子；但是一点压力没有也是不行的，那样孩子很容易因失去动力而放任自流。

教育专家从一些孩子的学业进步和成长过程中体会到，孩子必须有适当的学业压力，才能不断追求、探索、进取。学习岂能无压力？农时不可违，学时也不可违，古人云："时过然后学，则勤苦而难成。"孩子正处在掌握知识的重要阶段，家长不给他们一点儿压力，一点儿负担，不帮助他们打下坚实的基础怎么行呢？这是不可推卸的责任。孩子在一定的年龄、一定的学习阶段，必须不折不扣地完成一定的学习任务，并且尽可能多地掌握知识，才会有助于其将来的发展。

要培养一个孩子，不能没有压力。人们常说，需要是发明之母；同样道理，压力可以称为潜能之母。压力有时会使人的潜能发挥到极点。

有这样一个故事：

梅尔龙从轮椅上一跃而起

一名叫梅尔龙的美国退伍老兵，在越南战争中被流弹打伤了背部的下半截，虽逐渐康复但已不能行走，在轮椅上待了整整 12 年。他整天坐轮椅，觉得此生已经完结，有时就借酒消愁。有一天，他从酒馆出来，照常坐轮椅回家，却碰上个劫匪抢他的钱包。他拼命呼喊抵抗，结果触怒了劫匪，他们竟然放火烧他的轮椅。轮椅突然着火，梅尔龙忘记了自己是残疾人，他拼命逃跑，竟然一口气跑完了一条街。事后，梅尔龙说："如果当时我不逃走，就必然被烧伤，甚至被烧死。我忘了一切，一跃而起，拼命逃跑，及至停下脚步，才发现自己能够走动了。"后来，梅尔龙在奥马哈城找到一份工作：他已与常人无异。人们再也见不到坐着轮椅出入酒吧的颓废老兵的身影了。

这就是在巨大压力下，人充分爆发潜能的有力例证。

人的潜能是无限的，平常仅用了一部分，往往借助于压力能淋漓尽致地发挥出来。如果没有压力，老是优哉游哉地生活，永远不可能成就事业。

但是如果压力过重，超过人承受的负荷，就会使事情走向反面。从目前的情况看，有些孩子不是没有压力，而是压力过多、过重，这极大限制了孩子的思维灵活性。家长要认清不同的孩子其承受能力是不一样的，父母应根据自己孩子的客观情况，制定具体的学习方向和任务。在给孩子增加学习压力时，要善于衡量孩子承受压力的限度。遵循适度原则，制定长期、中期、短期目标。比如短期目标，你上学期期末考试总分成绩480分（总分，750分），班级排名第30位（全班50人），那么你的短期目标可以是本学期期末考试总成绩达到500分以上，在班级排名进入前25名。或者你在班里选择一位成绩比你稍好点的同学作为竞争对手，你的短期目标就是在下次考试中超过他。

遵循适度原则，关键在如何把握"度"。苏联教育家维果茨基曾提出"最近发展区"理论，简单地说，就是跳一跳能摘到果实。这个果实不是在你的手边，也不是高高在上，而是在需要你使劲跳一下才能够到的位置。

四、充分调动孩子学习积极性

被客观因素，如表扬、奖励、批评唤起的学习动机叫"外部动机"。由主观心理因素，如信念、需要、兴趣、责任感等激发出来的学习动机叫"内部动机"。二者互相转化、互相补充。家长要千方百计使外部动机转化为内部动机，充分调动孩子学习的自觉性、积极性、主动性，变"要我学"为"我要学"。具体做法如下：

一是营造一个浓厚的读书氛围。孩子有固定的学习场所、房间、书桌，有安静的环境，卧室里挂上几幅名人字画，书桌玻璃下放几张励志的哲人语录，书架或桌头上放一些名人传记及青少年喜爱的读物。

二是培养学习兴趣。兴趣是最好的老师，是孩子学习和从事其他活动的原动力，能激发孩子内心潜在的热情，调动他们内部的学习动机。杨振宇说："我对物理学有兴趣，它那种吸引力是不可抗拒的。"许多人能成才最初就是源于其对某些方面的浓厚兴趣。

三是注重赏识教育，多表扬、多鼓励。育人和治病不同。医生和教师不同，医生是千方百计找你的毛病，甚至疾病还在萌芽时期，都要用显微镜给你找出来。而家长作为家庭教育的教师，应千方百计地找孩子的优点，包括那些潜在的现在还没有表现出来的优点，这就是赏识教育。有时批评也是赏识。家长都应该认识到，要找出孩子的闪光点，即他的优点、长处、特长，不断赏识他，鼓励他，推动他成长。对他的缺点也要指出来，以便他及时克服，取得进步。

四是赞扬孩子的"成功"。一位心理学家说过，没有什么东西比成功更能增加一个人的满足感了，没有什么东西比成功更能增加一个人更进一步追求成功的努力了。成功能增强孩子的成就感、责任感、自信心、自尊心，从而令其表现出强烈的学习愿望。对于十来岁的孩子来说，不要把"成功"神秘化，不要把"成功"的标准定得不合实际。比如孩子参加各种比赛获得了名次是成功，即使没有得到名次，经受了锻炼也是成功。

孩子每一次微小的进步都是"成功"，都要勉励。家长要善于引导孩子用自己的现在与过去对比，而不是要让孩子与其他差距较大的孩子相比。

五是鼓励孩子，用优势学科带动较弱的学科。有些学习较差的孩子，并不是各门课都差，可能一两科比较好；即使都差，差的程度也有区别。家长要帮助他们总结学得较好的学科的经验，把这些经验用到薄弱的学科中。学习活动是复杂的脑力劳动，受各种因素的制约，比如孩子在小学时基础打得如何，学习目标、动力、毅力、方法、习惯如何，教师的教法以及师生关系怎样等等。但是，起关键作用的是孩子学习的自信心，是孩子有没有远大的理想、志向、目标。即使智力超群的孩子，缺乏明确远大的目标、信心和意志也难以成才。

六是让孩子坚定成功的信念。

大学村的教子秘密

有一个小村子叫姜村，这个小村子每年都有几个人考上大学，取得硕士甚至博士学位。所以方圆几十里内的人没有不知道姜村的。久而久之，人们都管这个村子叫"大学村"，纷纷把孩子送到姜村唯一的一所小学读书。

姜村为什么会出现这样的奇迹？是姜村的水土好吗？是姜村的父母掌握了教孩子的秘诀吗？还是别的什么？

假如你去问姜村的人，他们也不知道谜底。

在20多年前，姜村小学调来一个50多岁的老师，是城里一所大学下放来的教授。传说，这个老师能掐会算，能预测孩子的前程。有的孩子回家说：老师说了，我将来能成为作家；有的孩子说：老师说我将来能成为音乐家；有的孩子说：老师说我将来能成为数学家；有的孩子说：老师说我将来能成为像钱学森那样的人……

不久，家长们又发现，自己的孩子与以前大不一样了，他们变得懂事而好学，好像他们真的是作家、音乐家、数学家的材料了。老师说会成为数学家的孩子，对数学的学习更加刻苦；老师说会成为作家的孩子，语文成绩更加出类拔萃。孩子们不再贪玩，不用家长像以前那样严加管教，变得十分自觉。因为他们都被灌输了这样的信念：他们将来都是杰出的人，而有贪玩、不刻苦等毛病的孩子都成不了杰出的人才。

家长们很纳闷儿，也将信将疑，莫非孩子真的是大材料，被老师道破了天机？就这样过了多年，奇迹发生了。这些孩子大部分都以优异的成绩考上了大学。

这个老师的年龄大了，回了城市，但是他把预测的方法教给了接任的老师。接任的老师还在给一级一级的孩子预测着，而且，他们坚守着老师的嘱托：不把这个秘密告诉村里的人们。

　　其实，这个秘密我们大家都知道，就是在孩子幼小的心灵中埋下自信的种子。人世间还有什么力量能超过自信的力量呢？如果你常对孩子说，你不行，你是一个没有出息的孩子，他的自信心就会受到打击，成人之后会因为缺少自信而成为平庸之辈；如果你善于发现孩子的长处，对他说，你能行，他的潜能就会得到充分的发挥。正如一句名言所说："他能够，是因为他认为自己能够；他不能够，是因为他认为自己不能够。"

　　成功是一种目标，改变了现状就改变了人生。

　　成功是一种态度，改变了态度就改变了命运。

　　成功是一种开发，改变了内在就改变了生活。

　　成功是一种志气，能使你与时俱进，攀登新的高峰。

五、把孩子的好奇心巧妙嫁接到学习上

　　孔子说："知之者不如好知者，好之者不如乐知者。"知之者、好知者、乐知者，这是三种不同的境界，孩子在乐的精神状态驱动下，就会积极主动地探索和学习。

　　首先，将孩子的好奇心巧妙嫁接到学习上。

　　好奇心是一个人对新异事物进行探究的一种心理倾向，在好奇心的推动下，人们便会积极主动地进行思维，进行创造。一位哲人曾经说过："知识是一种快乐，而好奇心则是知识的萌芽。"对于孩子来说更是如此。好奇是孩子的天性，如果能将孩子的好奇心引导到学习上，不仅可以激发孩子求知的欲望，还可以在求知的过程中培养孩子的毅力。

　　当牛顿看到苹果从树上落下来的时候，产生了好奇心，在父亲的指引下，发现了"万有引力定律";当瓦特看到滚水把水壶盖子掀起的时候,有了好奇心,进而探究其原理,才发明了蒸汽机……

由此可见,我们一定要呵护孩子的好奇心,引导孩子把好奇心与对新知识的兴趣和渴望联系到一起。

其次,要宽容孩子破坏性的好奇。

爱迪生小时候就是个非常淘气的孩子,时常会给家里制造一些小破坏。

一天,爱迪生发现,当将青草点燃的时候,青草不会燃烧,可是,将枯草点燃的时候,枯草却能燃烧起来。对于这个发现,爱迪生非常好奇,想实地试验一下。于是跑到仓库里,用火点燃了干草堆,干草堆熊熊燃烧起来,酿成了火灾,把父亲囤积的草料全部烧了。

对爱迪生的这种破坏性行为,妈妈并没有加以惩罚和责备,而是在得知爱迪生真正的行为动机后,找到了许多实验器材和化学书籍,让爱迪生充分认识燃料及燃料燃烧时发生的化学现象。爱迪生的好奇心得到了满足,从此对各种化学和物理现象更加痴迷,学习的自觉性也大大增强。最终,爱迪生成了一位伟大的发明家。

第三,要耐心解答孩子的问题。

随着孩子年龄的不断增长,语言表达能力的增强,孩子在和家长对话的时候,就会提出许多问题,比如:"这是什么"、"为什么这样"、"会怎么样"等。孩子这种追根究底的精神,正是其求知过程中不可忽视的一个阶段,也是培养其学习主动性的良好时机。家长要耐心解答孩子的问题,可以直接告诉孩子,也可采用启发式,引导孩子观察、思考。如果对于问题的答案,家长也是模棱两可,千万不要敷衍了事,更不能胡诌瞎说。如果对问题的答案不清楚,家长可以和他一起查询图书,请教他人,从网络中寻找答案。这样,就可以让孩子更加热爱、更加主动地去学习。

六、教孩子学会知识技能

一个人自主学习能力的高低，将影响他的人生。孩子有良好的自主学习能力，就像有了一把开启知识宝库的金钥匙，能够在今后的生活和学习中不断地补充、完善自己。

意大利首位女性医学博士玛丽亚·蒙台梭利说："学习不应该是在老师强迫下进行的，而应该成为孩子自发的、本能的行为。"德国教育家第斯多惠则一针见血地指出了自主学习的重要性，他说："如果使学生习惯于简单的接受和被动的工作，任何方法都是坏的；如果能激发学生的主动性，任何方法都是好的。"的确，只有想方设法，调动孩子自主学习的欲望，促使其自觉进入积极互动的学习状态，才是切实有效的学习方式。

家长培养孩子，不能只看孩子一时的学习分数，而是要教孩子学会知识技能，学会动手动脑，学会生存生活，学会做人做事，把握能伴随一生的学习力——阅读能力、口头语言表达能力、文字表达能力、记忆力、理解力、应试能力、思维能力、处理信息能力、操作能力、想象能力、创造能力等。

1. 阅读能力——开阔眼界，拓宽孩子的知识面

很多孩子的学习问题是由阅读问题引起的。任何科目的学习都是从阅读开始的。阅读困难不仅会使孩子的语文学习产生困难，也会影响其他学科的学习。我们要为孩子创造良好的家庭读书环境，要鼓励孩子走出去，多读多看多听，爱读书、读好书、会读书。

2. 语言表达能力——能说会道的孩子能成才

说话是一种能力，更是一种资本。敢说话的孩子易成才，会说话的孩子定成才，巧说话的孩子早成才。

一般来说，语言表达能力好的孩子，学习能力更强，学习效率更高，学习自主性更胜一筹。儿童期是孩子学习语言的最佳时期。家长要鼓励孩子大胆说话，让孩子敢说、会说、巧说，要让孩子讲普通话，多讲多练，只要有机会，就让孩子将自己一天的见闻讲述出来。比如：复述听过的故事，讲述学校里一天的学习情况，在日常生活中与同龄人的游戏、交谈等。鼓励孩子参加演讲比赛。让孩子根据自己的认识、掌握的词语和语法，创造性地组织语言，满足孩子与家长平等交流和沟通的要求等。

3. 文字表达能力训练——让孩子多写多练

文字是人们交流的重要工具。孩子们长大后走向社会需要有一定的文字表达能力。要具备一定的文字表达能力，非一日之功，需要经常动笔多练。家长和教师要给孩子们讲清这方面的道理，提高其练笔的自觉性。要做到持之以恒，多做作文，勤记日记或周记，常写读书笔记，用书信与亲朋交流，积极向报刊投稿……天长日久，孩子的文字表达能力自然会很好，不会眼高手低，能够满足其文笔方面的需要。

4. 应试能力训练——让孩子考试轻松愉快

虽然考试不是学习的目的所在，但是却能在一定程度上反映出孩子的学习情况。学习与考试的关系就如同电脑的主机和显示器的关系，前者是输入，后者是输出，主机配置再高，没有显示器，也是没有意义的。同理，平时学得再好，如果考试时不能发挥出来，也是不会有人认同你的努力的。因此，对于应试能力的培养也属于孩子自主学习能力的一种。应试能力与自主学习的关系可以这么说：

有应试能力的人不一定有很强的自主学习能力，但是有很强的自主学习能力的人，一定很容易获得强大的应试能力。

很多孩子平时学习的时候没遇到什么困难，但是一考试就不理想，就好像一个武功高强的人被束缚了手脚，发挥不出应有的水平。孩子苦恼，父母发愁，老师忧虑。之所以会出现这种情况，主要有以下几种原因：一是对知识不理解，只会记忆和模仿。二是只见树木，不见森林。有一些孩子在平时的学习和小考试当中表现得不错，但是一遇上大考，就失去了水准。这些学生对于每段时间内学到的知识都能搞懂，但是大考主要考察知识间的联系和学生的综合运用的能力，这恰好是这类孩子的死穴。因此，这类孩子就无法在大考中取得好成绩。三是无法正确面对考试，压力过大。有些孩子特别怕考试失败，心理状态不稳定，导致过度紧张，发挥失常。

由此可见，提高应试能力是非常重要的，也是孩子会学习、能主动学习的一个重要方面。

那么，家长应该如何提高孩子的应试能力呢？可参考以下方法：

科学复习，对知识达到如数家珍的地步。

调整心态，将考试当成家常便饭，从容应对。

把握做题技巧，让孩子的能力发挥到极致。

5. 记忆力训练——每个孩子都可以"过目不忘"

在孩子的整个成长过程中，记忆力都起着非常巨大的作用。由于有了记忆力，孩子学会了说话，学会了数学，学会了唱歌，学会了绘画，学会了游戏。

每个人都具有非常强的记忆力。科学研究表明：一个正常人脑的记忆容量相当于5亿本书的知识总量，一个人的一生能储存1千万亿个信息单位。这种能力，连世界上最先进的计算机也比不过。在学习中，一个孩子需要记忆很多的东西，可是这些知识量也只是占用了大脑仓库的极小部分。科学研究发现，自主学习能力很强的孩子不一定有很强的记忆力，而记忆力强的孩子一定有很强的自主学习能力。

几年前，有媒体曾报道过一个6岁孩子公丕军，会背《新华字典》。他能脱口说出字典中字的读音和字意来，并把同音字按顺序写出，记忆力之强令人称奇。

其实，只要方法得当，对孩子有意识地进行记忆力训练，每个智力正常的孩子都能背下字典来。

可让孩子掌握形象记忆法。比如做手工能够促进英语的学习。看着物体认字，就能学得快，学得好。从古到今，学者们都高度重视脑思、眼看、耳听、口念、手写等多种感官协同作用的记忆方法。五官不同时参加学习活动，学习的效果就不会好。

还比如用诗韵诗律的节奏辅助记忆。

春雨惊春清谷天，夏满芒夏暑相连。

秋处露秋寒霜降，冬雪雪冬小大寒。

每月两节不变更，最多相差一两天。

上半年来六廿一，下半年来八廿三。

这首朗朗上口的顺口溜——《节气歌》，帮助多少人记住了一年二十四节气，每个国人都能脱口而出。这是因为其词句里富含的节奏感辅助了人们的记忆。

6. 理解能力训练——如何让孩子一点就透

随着孩子学习的不断进步，其理解能力在整个学习期间是不断发展的，而间接理解能力就会逐步占据重要地位。家长必须从孩子已有的经验出发，引导他们遵循从已知到未知、从具体到抽象、从易到难、从简单到复杂的原则，循序渐进地使孩子的理解能力逐步提高。

让孩子掌握基本的科学知识。有人说，21世纪如果不懂生物、化学、生态学，可能连报纸都看不懂。不掌握自然科学和社会科学的基本概念和基础知识，就会给孩子的阅读带来很多不便。

为将已知的知识和新知识联系起来，家长应引导孩子复习旧知识，学习新知识，运用知识迁移规律，主动地获取新知识。

充分发挥想象力可以提高孩子的理解力，这在绘画和音乐方面表现得尤为明显。

7. 思维能力训练——让孩子懂得灵活思考

家长应从孩子幼年开始就重视其思维的培养，为孩子以后的自主学习奠定牢固的基础。

如果一个人的思维能力不强，往往只能按照常规的方法去解决问题，一遇到看似陌生的问题，就会感到束手无策。

读书和实践仅仅是向大脑提供知识原料，只有思考才能把所学的知识变成我们自己的东西。历史上凡是事业有成的人，都是给思考留有一定时间的。为了事业的成功，一定要让孩子养成善于思考的良好习惯！

要善于对孩子发问。向孩子发问是有技巧的，只有问得好，问得妙，才有利于提高孩子的思维能力。

要训练孩子的发散思维。发散思维是多向的、立体的和开放型的思维，可以提高孩子的联想能力，从事物中获得某种启示感悟。

8. 创造能力训练——让孩子拥有崭新的视角

中国教育家陶行知曾指出："处处是创造之地，天天是创造之时，人人是创造之人。""小孩子也有创造力"，从孩子小时候开始家长就应该加强对他们创造力的培养，这对他们未来的发展是非常重要的。

20世纪80年代初，物理学家李政道教授与中国科技大学少年班的同学座谈时说："最重要的是创造力！是要能带头，而不是人家带头你跟在后面走。这里，关键在于学得活、面要宽，把学习当成生活的一部分，当成一种乐趣。"

那么，家长应该如何培养孩子的创造力呢？

鼓励孩子异想天开。孩子的好奇心是绝对不能挫伤的。家长要鼓励孩子异想天开，标新立异。当孩子天真地向自己发问或用自己的想象来解释某些客观事物时，家长不能一笑置之，或随意地加以嘲笑，而应该正面鼓励，并积极引导孩子大胆幻想。在条件允许的情况下，还应该设法促使孩子动手参与活动，让他们在活动中寻求答案，以发展其创造力。

给孩子自由思考的时间。孩子创造力的培养是建立在孩子拥有充分的独立和自主的基础上的。家长要改变包办的思想，还要创设一种宽松、民主、自由的家庭气氛，让孩子拥有做事和思考的权利。

七、教给孩子高效学习方法

孩子会自觉主动地学习，归根结底是由高效学习、会管理时间、独立完成作业、善于提问、独立思考等一系列良好的学习习惯推动的结果。优秀的家长有一个共同的特点，就是能深入孩子的内心世界，找到培养、强化和巩固孩子良好习惯的方法。

1. 帮助孩子提高学习效率

有些孩子的学习效率不高，有很多的原因，或是学习方法不当，或是没有集中注意力等。那么，帮助孩子提高学习效率，应当从哪些方面着手呢？

让孩子看到提高效率的好处。

采用定时法，积极提高孩子的学习效率。

从学习细节入手，关注孩子的学习效率。

2. 引导孩子学会管理自己的时间

人生的重要学问就在于学会和时间打交道。如何最有效地管理好时间，大有学问。我们要引导孩子做时间的主人，勤奋学习妙用时，全面发展巧安排。

教会孩子利用零碎时间，让时间发挥最大效率。

教会孩子利用作息时间表来安排自己的生活。

教会孩子按照事情的重要性和急迫性来安排时间。

3. 不"陪"写作业，增强孩子的学习自信

如何对待孩子的家庭作业，是一个困扰家长已久的问题，结果陪孩子做作业成了很多家长的一个工作。

学生真正的学习自主性是在独立完成家庭作业中培养和表现出来的。家长应该如何帮助孩子养成独立完成作业的习惯呢？

及早让孩子独立完成作业。首先要慢慢减少陪孩子做作业的时间，逐步过渡到让孩子完全自主。其次孩子遇到难题时，家长千万不能直接告诉孩子答案，而是要一步步引导、启发孩子思考，让其独立解决问题。

坚持让孩子自己检查作业。

学会利用表格记录家庭作业。

4. 多提问，善于提问比解答问题更重要

古人云："学起于思，思源于疑。""学贵有疑，小疑则小进，大疑则大进。"爱因斯坦也曾说："提出一个问题，往往比解决一个问题更重要。"发现、研究都是从提问开始的，疑问是推动人不断探索的动力。每个孩子的脑袋里都装着无数的问号，提问是他们认识世界的一种方式，孩子提出问题就说明他已经对这个事物产生了探索的兴趣。家长只要进一步引导，孩子就会把兴趣转化为行动，积极探索，解决问题。李四光说，他之所能成为一个科学家，就是因为对一块石头的疑问。

在李四光家乡有一块硕大无比的石头，小朋友都希望在那里玩耍。

有一天，李四光问小朋友："这块石头是不是从天上掉下来的呢？"

小朋友当然没有人能够回答。

带着这个问题，李四光开始上学了，他终于弄清楚，原来那块石头并不是从天上掉下来的陨石，而是从冰川中漂流来的。而这时，李四光已经是北京大学地质系的教授了。李四光说，对那块大石头的疑问是我的第一位地质老师。

发明千千万，起点是一问。然而，不会提问，不敢提问，缺少问题意识是现在孩子面临的普遍问题。家长应针对孩子的情况给出相应的指导，使孩子学会提问，敢于提问。

给孩子勇气，让孩子敢于提问。

让孩子学会挑战权威。

教孩子提问的方法。

5. 建立错题库，让孩子的成绩在试错中进步

有的孩子常常做错题，做错题之后，又不注重分析，不对错误进行反思，以后再碰到类似的题时，还有可能再犯相同的错误。

做错题并不可怕，怕的是同样的错误一次又一次地重复。对孩子的犯错只训斥是远远不够的，最好的妙药就是指导孩子建立一个错题本。很多人学习的成功都源于他们有一个错题本，并善于利用自己的错题本。著名的桥梁建筑家茅以升也是一个从错题本中受益的人。当年茅以升数学考了118分，离满分仅仅差2分。有人问茅以升为什么可以做得这么好，茅以升拿出了自己总结的16本数学错题本，告诉了大家答案。

抄写做错的题，将正确的和错误的做法进行比较，有助于孩子对题目形成更加深刻的认识，从而在下次碰到类似题目的时候，不会再犯同样的错误。

从上学的第一天就开始建立错题本。

用卡片或活页的形式记录错题。

为每个科目都建立错题本。

教会孩子利用错题本。

6. 不动笔墨不读书，是提高记忆的经验之谈

读书动笔能够帮助记忆。俗话说："好记性不如烂笔头。"历史学家吴晗就靠记读书笔记积累了上万张卡片，这些卡片成了他研究的基础。每次做报告、写文章，他都能够从这些卡片中找到需要的材料。俄国著名作家果戈理之所以能够写出具有现实意义的小说，能塑造出钦差大臣等富有讽刺意味的人物，全都得益于他从小养成的勤记笔记的习惯。

因此，我们要鼓励孩子利用多种形式来记录读书笔记。

7. 让孩子学会科学地积累学习资料

做衣服要用面料，盖房子要用木料，写文章也要有材料，这材料就是词汇。

积累学习材料的作用不仅仅体现在语文学习能力方面，也体现在其他学科之中。这就要求孩子留心生活中的只言片语，学会捕捉稍纵即逝的灵感。

8. 独立思考让孩子自主学习

乐于独立思考的孩子能够取得更高的成就。纵观世界上那些有杰出贡献的人，他们都有一个共同特点就是乐于思考、善于独立思考。

培养孩子独立思考的能力；

重视孩子的问题，鼓励孩子自己去找答案；

鼓励孩子敢于发表自己的看法；

教会孩子各种思考的方法，比如头脑风暴法、思维导图法、换位思考法。

八、苦学不如会学

俗话说，工欲善其事，必先利其器。同样，学习任务与学习方法，是河与过河工具的关系。要完成繁重的学习任务，需要让孩子掌握善巧高效的读书学习的方法。苦学不如会学，勤学还须善学。天赋、勤奋不是高效学习的根本，科学的方法才是出色学习的捷径。好的学习方法是让孩子自己掌舵，是握在孩子手中的最有力的学习武器，它能够帮助孩子战胜自主学习途中的种种困难，能有力地提升孩子的学习效率，能极大地提高孩子的学习兴趣。

学习方法就是学生学习时所采用的方式、手段、途径和技巧。科学的学习方法是人们在总结人类的记忆力、注意力、想象力、智力等多种因素的基础上提出来的。各个因素的不同组合，因侧重点不同就会形成不同的学习方法，不同的学习方法又会适应不同的群体，不同的学习内容，甚至不同的场合，使孩子取得不同的成绩。请看下面的事例：

2010 年毕业于太和一中的王容，以 659 分，仅低于全省文科状元 7 分的成绩摘取了阜阳市文科状元的桂冠。这位爱好广泛的 16 岁男孩注重学习效率，上课专心听讲，认真记笔记，并勇于向老师提出自己的疑问，课后遇到做错的题立即记在错题本上并认真反思。他根据学科特点总结了不同的学习方法：数学不能只求题量，要善于总结并能举一反三；英语可以多看外语新闻，听听英语歌，在课余时间提升听力与阅读能力；政治要构建框架，理清单元关系与思路；地理要多看地图，做到心中有数，脑中有图；历史要像小说一样去学习，试图在脑海中串联起一个个历史事件；文综应试字迹要工整清晰，答题时要尽量分条分点，行文注意简练，尽量使用书面语言。

2010 年，毕业于太和一中的女生付丹阳以 697 分的成绩摘取了阜阳市理科状元的桂冠，她的经验是，几乎全部精力都在课堂上，剩下的精力用在自习上。她说："毕竟课堂上老师讲得已经很透彻，如果充分利用课堂时间消化吸收，根本没有必要再加班加点地学习。""我从来不把学习当负担，而是认为学习很快乐，学习就是学习，休息就是休息。"她喜欢看电影和小说，学习再忙都会挤出时间观赏。一般看电影是首选英文对白的大片，而小说也多读英文原版。她认为这既能休息，又能提高自己的英语听力和阅读能力。

读书、学习的方法有以下几种：

1. 读书的方法

先要正确处理读书过程中的一些关系：一是有序和调节；二是精与粗；三是专和博；四是厚与薄（厚积薄发）。其次要明确怎样读，方法有博览式阅读法、顺序式阅读法、精读法、创造性阅读法等不下数百种。学习新知识可采用纵览、提问、精读、复述、复习五提要的方法。

2. 听、做、复、预四步学习法

听，主要指上课时认真听老师讲课；做，指认真做好老师和家长布置的作业；复，指认真复习所学的课程；预，指预习未学的新课。

3. 理解—记忆—应用学习法

理解思考所学的知识，记忆所学知识的要点及其精华，应用所学的知识指导自己的生活、学习和工作。

4. 多感官学习法，也叫五到学习法

我们身体有多个感觉器官，包括眼、耳、口、鼻、皮肤。这些感觉带来的信

息可以进入我们的大脑，成为记忆。所谓多感官学习法，其实就是利用诵读、阅读、联想、角色扮演、幻想等来投入学习，对大脑做出多方面的刺激。比起只从书本上吸收，通过多感官的学习记忆能更加深刻。

五到，指眼看、耳听、口念、手写、脑思等感官协调作用的记忆方法。我国古代教育著作《学记》中就写道："学无当于五官，五官不得不治。"即：学习没有不经过五官的，五官不参加活动，学习的效果就不好。

5. 体验式学习法

有一位著名的哲人说过："告诉我，我会忘记；教给我，我可能记住；让我参与，我才能学会。"这句话说出了体验式学习法的精髓。体验式学习，又称为发现式学习、经验为主学习、活动学习或互动学习。体验式学习分为亲身体验、总结领会、观察反省、积极尝试四个过程。家长要在四个过程中都给孩子提供足够的支持，让孩子在体验中学习和进步。

6. 互助、合作学习法

指两个或两个以上的家庭为了一个共同的目标而联合起来，让孩子定时定地在一起学习。这一学习方法可以提高孩子的注意力、记忆力、思维能力和评价能力，是综合培养孩子能力的一种方法，可运用于外语、语文、历史、地理、生物等学科的学习。

每个孩子的个性特征不同，学习兴趣不同，学习的起点不同，对方法的选择自然也会不同。每个孩子都应该有一套自己的学习方法，切不可生搬硬套。家长要了解孩子的特点，和孩子一起寻找最适合他的学习方法。

通过以上多方面的努力，家长对于培养会自觉、主动、乐于学习的孩子有了比较充分的了解，然而家长还需要解决下面这些可能会出现的"拦路虎"：过高的学习期望、注意力分散、施加分数压力、偏科、学校人际摩擦、暂时的学习挫折等。当这些因素都解决了，孩子的自主乐学的能力、习惯就没有什么后顾之忧了。

第七章
让孩子善于思考

一、教孩子学会思考

人脑不同于机器使用久了会有磨损，而是越用越好用。比如学外语，一旦掌握了一两门外语，再学第三门、第四门就容易多了。

头脑的好坏，绝非是天生的，主要看你后天如何利用它。所有有成就的科学家、文学家无一例外的都是长期善于用脑思索者。

我们要开发潜在的智力，最简单、有效的方法就是经常把新的知识和信息透过脑细胞去刺激它。例如：读书、看报或注意听别人的谈话，对发生在身边的事勤于思索，多问"为什么"，养成这样的习惯，对保持灵活的头脑大有裨益。

俗话说："生命在于运动。"也有人指出：生命在于脑运动。研究表明，每个人长到十岁左右，每十年大约有 10% 控制高级思维的神经细胞萎缩、死亡。信息的传递速度，也随年龄的增长而逐渐减慢。但这不要紧，如果坚持用脑和注意脑营养的补充，每天又有新的细胞产生，而且新生的细胞比死亡的细胞还要多。

日本科学家曾对 200 名 20 ～ 80 岁的健康人进行跟踪调查。他们发现经常用脑的人到 60 岁时，思维能力仍然像 30 岁那样敏捷；而那些三四十岁不愿动脑的人，脑力便加速退化。

美国科学家做了另一项实验，把 73 位平均年龄在 81 岁以上的老人分成三组：自觉勤于思考组、思维迟钝组、受人监督组。最初结果是：自觉勤于思考组的血压、记忆力和寿命都达到最佳指标。3 年后，自觉勤于思考组的老人都还健在；思维迟钝组死亡 12.5%；而受人监督组有 37.5% 已经死亡。由此可见，勤于思考是人们健康长寿的奥秘所在。更为重要的是，勤于思考也是一个人获得成功的必备条件之一。

比如，伟大科学家爱因斯坦的成功，首先应归功于他的正确的思考和创造力。

有一次大发明家爱迪生满腹怨气地对爱因斯坦说："每天上我这儿来的年轻人真不少，可没有一个我看得上的。"

"您断定应征者合格或不合格的标准是什么？"爱因斯坦问道。

爱迪生一面把一张写满各种问题的纸条递给爱因斯坦，一面说："谁能回答出这些问题，他才有资格当我的助手。"

"从纽约到芝加哥有多少英里？"爱因斯坦读了一个问题，并且回答说，"这需要查一下铁路指南。""不锈钢是用什么做成的？"爱因斯坦读完第二个问题又回答说，"这得翻一翻金相学手册。"

"您说什么，博士？"爱迪生打断了爱因斯坦的话问道。

"看来我不用等您拒绝，"爱因斯坦幽默地说，"就自我宣布落选啦！"

爱因斯坦从自己的切身体验出发，强调不能死记住一大堆东西，而是要能灵活地进行思考。

爱因斯坦认为，正确地进行思考，是追求机会至关重要的条件。

小时候的爱因斯坦一点也看不出来有什么天才，到 3 岁的时候，还不会讲话。6 岁上学，在学校里成绩非常差，一上课就是被批评的对象，老师还说他永远也不会有什么大的出息。大家一致认为他是一个天生的笨蛋。

但是，爱因斯坦在 12 岁的时候，就已经决定献身于解决"那广漠无垠的宇宙"之谜。15 岁那一年，由于历史、地理和语言等都没有考及格，也因为他的无礼态度破坏了秩序和纪律，他被学校开除。

爱因斯坦非常重视思考和想象。他说："想象力比知识更重要。因为知识是有限的，而想象力包括世界上的一切，推动着进步，并且是知识进化的源泉。"他在 16 岁时，他喜欢做白日梦，幻想着自己正骑在一束光上，做着太空旅行，然后思考：如果这时在出发地有一座钟，从我坐的位置看，它的时间会怎样流逝呢?

从此,他开始了他的科学远征。他设计了大量理想实验,提出了"光量子"等模型,为相对论和量子论的建立奠定了基础。

灵活地进行思考对一个人的成功是非常必要的。抱持"提出一个问题往往比解决一个问题更重要"的思想,才能不断地提出问题,并在解决这些问题的同时逐渐迈向一个个人生的高峰。因此,为了孩子将来拥有成功的未来,一定要注重培养他的思考能力。

二、培养孩子灵活的思维能力

培养孩子的思维能力是有规律可循的,对孩子思维的训练宜早不宜迟,婴幼儿时期是训练思维的最佳时期。因为在这个年龄段,孩子的各种智力因素都呈上升趋势,缺少固有的思维定式、经验偏见,是一张白纸,可以描绘最美的图案,容易吸纳新事物。另外,从脑生理发展的角度来看,年纪小,机械记忆能力较强,随着年龄的增长,分析综合能力将要增加,而机械性记忆能力将自然衰退一些。

那么,具体该怎样培养孩子的思维能力呢?

1. 善待孩子的"问题",激发孩子的好奇心

孩子提问的状况是判断其智力发育的一个重要内容。父母对孩子提出的任何问题都应耐心回答,要善于回答孩子的提问。不要不关心孩子的提问,更不能简单地回答:"不知道!"不耐烦、轻视、嘲讽甚至压抑孩子的提问,必然会泯灭孩子智慧的火花。

父母能否激发孩子的好奇心，是一种教育艺术。父母对孩子的好奇心要善于引导，给孩子提一些适合其心理发展水平的问题，比如，天为什么会下雨、凉水怎么会烧成开水，等等。家长的发问又会成为孩子好奇心的动力。

孩子的抽象概括能力最好从直接感知事物中得来，他们的抽象概括离不开事物的具体形象。因此，在婴幼儿时期应尽量扩大他们的感知范围和知识经验。让他们尽可能多看、多听、多摸、多玩，从而获得大量的感性材料。在此基础上，父母可指导他们多动脑，对获得的材料进行初步的抽象概括。

2. 学会换位思考，保护孩子的好奇心

经常能看见孩子透过玻璃在观察着外面的世界，和成人不同的是，他们的专注和好奇程度要比成人强，因为他们的鼻子都被压扁了，他们恨不得透过这玻璃，直接触摸到事物。

著名教育家陶行知先生曾碰到这样一件事，一位母亲对他抱怨说，她的儿子非常淘气，把一块贵重的金表给拆坏了，她把孩子打了一顿，陶行知先生当即说："可惜了，中国的爱迪生让你给枪毙了。"陶行知先生的这番话确实道出了目前在家庭中父母怎样无意识地扼杀了孩子的好奇心。这可直接影响到一个人的创造性的形成。

保持孩子好奇心的诀窍是大人要有童心，要换位思考。大人对孩子的好奇心不能理解，甚至不耐烦，是因为孩子问的问题，大人早就都知道了，站在大人的角度，这没什么可问的。正如作家桑姆·金丽所说："我们的眼睛变得只盯着追求的目标，以至于对眼前的玫瑰花不感惊奇。"因此，首先要解决的问题是尊重孩子的好奇，允许他提问。

其次，不要敷衍孩子，要给孩子好奇的提问以满意的回答，如果不懂就带孩子一起去找答案。另外，家长要学会说这样一句话："我真喜欢你爱提问题。"有时对孩子的提问，还可以不马上提供答案，而是进一步提出一个疑问和悬念，激起他的更强的好奇心。

为了保护孩子的好奇心，家长要允许孩子探索（比如拆东西）。家中如果有贵重东西，尽量放在孩子看不到的地方，只要他看到了，给拆了，就千万不要责备他。否则，对孩子的好奇心可能是致命的打击。

3. 鼓励孩子"异想天开"

兴趣是孩子获得知识非常重要的源泉。因此，父母应尽量调动孩子的感觉器官，使其对周围的一切感兴趣，从而不断丰富他们对自然环境和社会环境的感性知识和经验，引导孩子自己去发现和探索问题，提高应用已有的感性知识独立解决问题的能力。

引导孩子观察某一事物，不仅要观察它的名词性特征，如它的各部分、全部、材料、质地等，还要观察它的形容词特征，如它的功能、功用等。每增加孩子思维的一个维度，思维的内容就会增加很多。

对于孩子来说，思维和想象是密不可分的。明智的爸爸妈妈不要阻挠孩子的自由思维和发挥想象，应该鼓励孩子"异想天开"，告诉孩子：做任何事情都没有绝对的标准答案，消除孩子对书本、对大人的话百依百顺的习惯。在家庭日常生活中，鼓励孩子自主活动、独立办事，鼓励孩子用新的办法来做事。

在孩子学习的过程中，父母不要轻易帮助他解决某个问题。对孩子来说，真正有意义的是独立思考、解决问题的过程，至于是否能做得完美，相对来说显得不是最重要。因为，这样不但能养成孩子主动学习、解决问题的好习惯，也能充分开发孩子的智力。

三、开发孩子的创造能力

现代的青少年要迎接未来科学技术的挑战，最重要的是坚持创新、勇于创新。创新是一个民族进步的灵魂，是一个国家兴旺发达的不竭动力。

创新意识是现代杰出人才所必须具备的，培养现代人才的起点是创新意识的培养和开发。要求我们具有创新意识，实际上是要我们改变传统的思维方式，改变传统的提出问题、思考问题的方式。在这个多变的时代，如果做不到这一点，即便是拥有了最新的知识，也有可能在激烈的竞争中被淘汰。

创新意识的形成不是一蹴而就的，它需要长期地培养。创造力是人类特有的综合能力，构成其心理学基础的主要包括适宜的知识结构、创造性思维和适宜于创造的优良个性品质。要开发、培养和增强孩子的创造能力，就要从以下三方面入手。

1. 要让孩子打下扎实宽阔的知识基础，重视知识更新和优化知识结构

科学的创新来不得半点虚假，除了凭真正的成果取胜外，没有任何捷径可走。知识基础是对前人智慧成果的继承，是形成创造力的必要条件。离开了扎实宽阔的知识基础，就不可能顺利地开展创造性活动。在其他条件相同的情况下，多掌握一些知识，就会多一条思路。现代社会的发展要求我们个人不能只拥有单一的学科知识，而必须拥有跨学科的知识结构。这样，才会多一种专业眼光分析问题，解决问题，才会比知识结构单一的人更容易产生丰富的联想，因而也更加容易形成新思维。

人类社会分工的深化必须以社会协作能力的加强为前提，分工与协作深化是同步发展的。同样的道理，现代科学的分化与整合过程也总是相辅相成、互为条件地发展的。现代科学高度分化与高度整合的这一趋势，要求人们在成为专才的同时，努力成为"通才"。

2. 要让孩子积极开发创造性思维

创造性思维是创造力的核心和关键所在。人的思维有形象思维、逻辑思维和直觉（灵感）思维三种基本形式。与直接和具体反映客观事物的感觉和知觉不同，作为人类认识的最高形式的思维，创造性思维是对客观事物间接的和概括的反映。从思维活动结果来看，上述三类思维活动又可以分为"再现性思维"和"创造性思维"两大类。心理学界目前对创造性思维的理解有广义和狭义之分。狭义的创造性思维是指在发明创造中直接导致创新方式的思维活动形式。与"再现性思维"不同，"创造性思维"具有以下重要的特征：思维状态的主动性、思维方向的求异性、思维路径的综合性和变通性、思维进程的突变性和顿悟性、思维成果的新颖性和独创性等。

对于青少年来说，培养求异的思维方式意义重大。现实中的绝大多数人，在没有什么利害攸关的事情相逼时，很容易陷入一种惰性思维模式之中。常识和前人的经验是这种惰性思维模式遵循的金科玉律，是它得以维持的原因。但是我们应当明白，依赖于前人的绿荫底下，不敢、不愿越雷池半步的思维方式，不会推动社会的进步和个人的发展。

要求异，还要善于联想。如果人类失去联想，世界将会怎样。没有丰富的联想，人类能将堆积如山的书本上的东西浓缩在手掌大小一张薄片上吗？之所以要进行"无限制"的联想与幻想，是因为在无限制的情形下，人脑的活力将得到最大的加强，也最容易闪现出新的火花。

以上所说的联想、幻想、逆向等思维只是创造性思维的几种形式。理论研究及实践都证明，在创造性思维中起重要作用的思维形式有联想思维、幻想思维、灵感思维、直觉思维、发散式思维、收敛式思维、逆向思维等。它们都是非逻辑性思维，主要由人的右脑控制。因此，开发右脑是增强创造性思维的关键所在。没有这些非逻辑思维，就不可能实现思维的突破；但没有严格的逻辑思维，就不可能形成正确的、科学的结论。正因为如此，人类的创造性思维是任何高功能的计算机都无法替代的。创造性思维不仅是形象思维和逻辑思维相结合的产物，而且也是潜意识和显意识相结合的产物。弗洛伊德认为，迄今为止，人类只认识了人脑的一小部分功能，就像冰山之一角。人脑的大部分功能就像潜藏在海面下的巨大冰山一样，潜藏着非意识、无意识的更多功能——潜意识。因此，不断开发人脑的功能，对提高、增强我们创造性思维的能力，进而增强我们的创新能力具有十分重要的意义。

3. 要培养良好的个性品质

个人性格品质的好坏，在很大程度上影响着创新能力的强弱，如自信、勤奋、进取心强、浓厚的认知兴趣、对模糊的容忍度、富有幽默感、顽强的毅力、甘冒风险和不屈不挠的精神等。它往往通过为创造力的发挥提供心理状态和背景情境，通过引发、促进、调节和监控创造力，以及与创造力协调配合来发挥作用。

四、教会孩子激发灵感

似乎很少有人把灵感同青少年的学习和发展联系起来。其实，灵感不一定就指发明创造，也并非为科学家、艺术家所独有。在平凡的学习与生活中，也会产生富有创造性的奇思妙想，也可能闪烁出星星点点的灵感火花。应当说，谁具备了产生灵感的条件，谁同灵感就有了缘分。

在解题、科研、创作过程中，常常有这样的情况，经过各种各样的假设、推理，采用多种途径去探讨、摸索，都没有成功。在走投无路的时候，往往由于偶然机遇，受到启发而突然闪出一个念头，想出一个办法。这办法做起来是那么得心应手，好像有种神奇的、强烈的创造力，这种种现象，便是所谓的灵感。

那么，什么是灵感呢？从心理学角度看，灵感是"人的精神与能力之特别充沛的状态"，"是浓厚的情绪的充沛状态"。这状态，保持着创造对象的注意力极度集中，创造过程的情绪极度专一，创造意识的极度明确。灵感是一种复杂的心理现象，是思维活动中由思想集中、情绪高涨而表现出来的创造能力。创造者在渊博的知识、丰厚积累和社会实践的基础上进行思考的紧张阶段，由于有关事物的触发、启示，促使在创造活动中所探索和捕捉的某些重要环节得到明确的解决，这就可以称为获得了灵感。

两千多年前的科学家阿基米德为测定一顶金王冠的体积，苦思冥想不得其解。有一次他进入澡盆要洗澡时，盆里的水就溢出来，他突然醒悟道："溢出去的水的体积不就是自己身体的体积吗？"由此，他发现了浮力定律。

俄国作家果戈理早就想写一部作品，描写与讽刺沙皇统治下的俄罗斯官僚机构的黑暗腐败，因为找不到一个合适的故事去把那些生动素材串联起来，所以迟迟不能动笔。一天，普希金说他曾到奥伦堡去搜集创作材料，人家把他当成了彼得堡派来"私访"的"钦差大臣"。听了这则笑话，果戈理苦闷之情为之一释，捕捉到了构思链条上关键性的一环，找到了一个"突破点"，于是思路豁然贯通、文思泉涌，以不足两个月的时间，一挥而就，写成传世之作《钦差大臣》。

由此可见，灵感并非"神力凭附"或"先天"固有的。它源于社会客观实践，是人脑对客观现实反映的一种机能。

简单地说，灵感就是一种高明的突发性的创造力。它并不是那么玄妙神秘，那么可望而不可即。它产生于社会的实践和积极的思考，谁在实践中付出的劳动代价越多，谁的灵感也就越多。

青少年产生灵感的条件及其在思维活动中的作用，自然比不上科学家、艺术家。但他们也有不少激发灵感的有利条件和良好素质，如勤于思考，思想敏锐，热爱幻想，勇于实践等。青少年只要善于激发自己身上潜在的创造力，灵感就可能经常同他们做伴。那么，具体该如何教会孩子激发自己的灵感呢？

1. 一定要让孩子勤于思考

灵感同懒汉无缘，它是勤奋学习的报酬。高尔基说："天才就是劳动，人的天赋就像火花。它既可以熄灭，也可能燃烧起来，而逼使它燃烧成熊熊大火的方法只有一个，就是劳动，再劳动。"灵感是天才的一种表现形式，是长期创造性劳动的必然结果，所以它自然需要由勤奋的汗水来浇灌。

灵感虽然带有偶然性和突发性，但它终究是长期努力、积累和思考的结果，即所谓"长期积累、偶然得之"。俗话说："踏破铁鞋无觅处，得来全不费工夫"，这看似"不费工夫"的"灵感"，正是"踏破铁鞋"的长期努力换来的。

2. 让孩子掌握尽可能多的知识和经验

灵感活跃于知识的"联系网"中，开拓知识领域能够产生灵感的机遇。

实践证明：知识广博、经验丰富的人，比知识面窄和缺乏实际经验的人容易产生新的联想和独特的见解。这是因为知识和经验是创造的素材。

有了大量的素材，灵感才能"一触即发"、"俯拾即是"。在知识的汪洋大海中，不仅产生了愈来愈多的所谓边缘学科，而且各门知识的内涵和外延，也在日益相互渗透着。只有知识"面"的广阔，才可能有知识"点"的深入。而灵感的产生，又往往有一个由此及彼、由表及里、触类旁通、举一反三的过程，亦即靠有关事物的启示、触发，引起联想与认识上的飞跃，进而产生灵感。

3. 让孩子学会机敏地思考

灵感从机敏的思考中产生，归根到底，灵感是一种创造性的思维活动。

要激发灵感，很重要的是学会机敏地思考。为此要让孩子学会善于从不同角度和思路去进行思考。假如把灵感的获得比喻为一个目标，那么，通往这个目标的道路绝不是一条，而是如"百川归海"那样，可以通过各条渠道到达目的地。考虑问题的角度狭小单一，常常会造成脑子的僵化，甚至将思路完全堵死。如果把那些想不通和暂时不能解决的问题，先搁置起来，过几天再来看看，再来想想，往往会发现先前被疏忽的地方，会暴露出设想的缺陷和找到问题的疙瘩，新的设想、新的见解就可能突然间跃入脑际，于是可能在"山重水复疑无路"的困顿中，进入"柳暗花明又一村"的新境界。

4. 要让孩子善于抓住一瞬即逝的"一闪念"，及时点燃灵感的引爆处

灵感的特点是突发性的，来得突然，去得匆匆，往往是一闪即逝，稍纵逝。孩子在思索、演算、答题、实验以及游戏和玩耍中，有时是会"领悟"某个道理，或突然想起某个有趣的事的。这时，就应当及时抓住不放，不让偶尔在脑际间出现的"闪念"溜过去。

5. 让孩子经常保持最佳的精神状态

灵感喜欢在清醒轻松时光临，保持最佳的精神状态，是获得灵感的妙方。

德国著名作曲家贝多芬在月夜的乡间小路散步时，耳闻农家女的琴声，顿发乐思，写成有名的《月光曲》。因为精神饱满，情绪良好，心情愉快，能使脑细胞保持良好的状态，使思维活跃，想象力丰富，注意力易于趋向集中，从而出现思路贯通的佳境；反之，只能使思路堵塞。为保持最佳精神状态，关键的一点就是切实搞好"劳逸结合"。当大脑疲惫时，绝不要搞所谓"头悬梁锥刺股"的"苦"读法。勤奋，是指意志力的坚强和韧性精神，绝不等于搞加班加点的疲劳战术。

五、引导和开发孩子的多重式智慧

很多家长往往认为，只要自己孩子的考试成绩好，那么这个孩子就很聪明，智慧就很高。其实，这种看法是比较偏颇的。学习好只是其中的一种智慧，并不能代表整体的智慧。研究表明，人类的智慧有七种之多——语言的智慧、空间视觉的智慧、运动敏觉的智慧、自我探索的智慧、音乐听觉的智慧、逻辑推理的智慧、人际交往的智慧。这些孩子的智慧，在日常生活中随时可以发现。因此，家长必须随时重视并加以辅导，积极培养孩子的多重式智慧，并根据孩子自身的特点进行有针对性地引导和开发，以发挥孩子最大的潜能。

1. 语言发展的智慧

具有这种智慧的孩子，在家里或学校总是喜欢说话，自我表现能力很强，在班上往往是很出风头的人物。在这种智慧型的孩子身上，所呈现的人格特质是能言善道，能力、胆识均佳。具有这种特质的孩子，家长不应压抑其表现能力，这种孩子具有领导能力，是未来企业家、领袖的人选。

2. 空间视觉的智慧

我们常会发现某些孩子，在美术方面特别有天分，而且有非常突出的表现。有的孩子在文科表现平平，却在数学体积容积等单元有特优异的成绩，这就是孩子对于空间的感觉格外敏锐。具有这方面智慧的孩子，最适合未来从事建筑师、艺术家等工作。因此，家长在培养上，要随时让孩子自由发挥，鼓励创作。

3. 运动敏觉的智慧

某些孩子的体育成绩特别优秀，在操场上，这类孩子的肢体表现往往有非常的天分。具有这方面智慧的孩子，未来可能是很好的运动选手、舞蹈家。家长应根据孩子的这些特质加以引导、培养，除了让孩子上好文化课外，有条件的还可以让孩子参加系统的运动、舞蹈训练，让其个人潜能充分发挥出来。

4. 音乐听觉的智慧

如今，不少父母让孩子去练琴、学唱歌，这是培养音乐智慧的一个方法，是属于后天的学习。但有的孩子并没有后天的学习，却对音感格外的敏锐，耳朵听觉很细腻，会分出各种音色高低强弱。对于具有这种智慧的孩子，家长应注意对其音乐方面的培养，也许他就是未来的音乐家。

5. 逻辑推理的智慧

在生活中，我们会发现某些孩子，很会提出问题，而且不少问题都相当有深度，这表明他具有相当的逻辑推理能力。具有这种人格特质的孩子，其口才都相当好，思考很精细，他会去思考多方面的东西，而不是单项的思考。具有这种智慧的孩子，就是未来的思想家或哲学家。

6. 人际交往的智慧

具有这种智慧的孩子，很能察言观色，跟任何人都能打交道。这种孩子大多很随和，不会跟人家斤斤计较，做事肯负责，说话坦白而诚恳，往往喜欢排解人家的纠纷，别人拜托的事均能热心帮忙，所以人缘很好。这种智慧型的孩子，未来都是外交家的人选，也是从商的人才。

7. 自我探索的智慧

在生活中，我们会发现某些孩子不喜欢说话，有内向性的特征，但并不是孤僻性的行为。这种类型的孩子，常常会思考问题，反省自我的心灵感受，探索人生心灵上的诸多问题。这种智慧型的孩子，做事负责、不爱表现、很尊重别人、说话平静文雅，是未来心理学家的人选，适合接受更高的教育。

　　每个孩子都有若干项的智慧，有的很明显地表现出来，有的则隐藏在内，有待去发现。家长不仅要发现孩子所具有的各项智慧，更重要的是及时加以培养，使他们能最大限度地发挥自己的潜能，迈向未来的成功之路。

六、帮助孩子跨越障碍

　　一位学者指出：人人都是创造之人。理论上的确可以这样说。然而，在生活中我们不难发现，并非每个人都能创造，因为存在许多制约创造力的障碍，这些障碍往往源于人类思维行为受到的制约。为了帮助孩子开发创造力，就要让他认识到各种制约人类思维行为的因素，并带领他努力跨越这些障碍。具体可参考如下建议。

1. 让孩子扭转悲观情绪

　　一个老是对自己没有信心、怀疑所有一切都对自己不利的人，就会抑制自己的创造力。他总觉得事物都是别人创造发明的，新点子都是天赋头脑的产物，所以老是认定自己处于危机之中。悲观者过分将自己的注意力放在负面情绪中，把原本可以用来创造的精力花在担心可能发生的不妙后果上，从而错过了发挥创造力的机会。

　　任何东西都是人制造成的。你也可以造这些东西。想想看，你一生中已经造了很多东西了，只是不知不觉忘记了。你小时候有没有捏过泥团？它也许是你一生的第一件创造。可见，你天生就有一定的创造力，为什么要悲观呢？悲观的主要原因不过是你学了些别人的知识而忘了自己也会造东西。你的创造潜能只是有待开发。

以下这些道理有助于你调整自己。

（1）多听经验丰富之人的评价和建议。

如果年纪大的人给你建议，你不要嗤之以鼻，创造力是随年月而增长的。如果长辈给你建议，你不要做无谓的心理抗拒，他们往往更能意识到新的发展机会将在什么领域出现。如果同龄人给你建议，你不要自负，他们的观点可能正是你忽略的真谛。记住，当所有人都对你的创造力有着较好的评价时，你就会不知不觉间增强自己的创造力，而改变和调整悲观心态。

（2）经常问问自己：给我同样机会，我会不会做得更好？怎样做得更好？

只要你能经常这样提醒自己，你就会发现任何事情都可能有更富创造力的解决办法。

（3）对自己面临的困境要实际看待，不要夸大，没有人是天下第一辛苦和悲伤的人。

（4）强调幽默感。

很多人为自己说话不逗人而沮丧，以为自己没有幽默感。其实，幽默感和幽默是有区别的，你也许不幽默，但一定要有幽默感。所谓幽默感就是对幽默的感受。能感受幽默就会在悲观中感受到欢快。

（5）培养自己的耐心和敏感。

任何事没耐心是做不好的，做不好就令悲观更加悲观。敏感至少可以令人感觉到一些异样的感觉，而异样的感觉往往会刺激创造力。

（6）珍爱自己的点子。

相信你自己想到的好东西。虽然很多漂亮想法一拿出来，就会被告之：前人早做过了。但是，只要是独立想出来的，你就要高兴，别懊恼。如果你在事前毫无认识的状态之下曾想到过相对论，你就应该很乐意承认自己和爱因斯坦一样伟大。

（7）别妒忌他人的创造力。

如果别人创造一个好办法，你认为你也能，因而看不起别人，你的创造力将永远停留在别人之下的水平。别妒忌他人，当你想出别人也能想出但没想到的点子时，你的创造力就具有领先一步的欢乐。

（8）要有多样的解决方案。

人类的事情绝大多数都是由思维决定的。一个问题从多种角度思考再挑出最佳办法，就是产生创造力的思维方法。

（9）要保持工作热情和生活热情。

只有工作狂才能使工作富于创造力。同样，只有对生活有热情的人，才对生活具有创造力。如果一个人同时具有生活和工作的创造力，这个人必是有福之人。

2. 帮助孩子战胜失败

失败的阴影常造成失败的恐惧。害怕失败是创造力的最大障碍。事实上，每一位成功的创新者都常常失败。别以为那些风度翩翩的成功人士没有失意之痛，他们只是能够善待失败而已。

也许你努力了，但失败了，再努力依旧是失败。但你要记住，每一次失败必有其根由，找到它，也许就发现成功的创造性点子。要有耐心，急于求成是不行的。欲速则不达是失败的主要原因。

以下介绍几条改善冒险技巧的方法，将有利于一个人克服失败的阴影。

（1）失败是不是你发挥创造力的主要风险？

问自己这个问题时，要实际地看待自己。当你认为失败是主要风险时，你将处于失败的阴影中。

（2）冒失败之险的后果严重吗？

也就是考虑失败造成的影响。也许它将影响你的工作升迁，会危及你的生活幸福，会伤害所有对你抱期望的人。但是，这些压力如果不是你发挥创造力的动力，就表明你反而会遭到最大伤害，你的冒险将是有害的冒险。

（3）失败之后，最糟的结果也许并不怎样可怕。

要知道，人往往会夸大未来的危险，从而导致裹足不前，其实呢，看似巨大的痛苦往往在它到来时，显得异常平静。

（4）有没有准备好失败之后的补救措施。

这是克服失败阴影最好的办法。多准备几套方案是有益无害的。

（5）正确处理失败。

面对失败，你也许会觉得很糟，但你一定要寻找另一条走过来的途径。

总之，一个不怕失败的人，创造力可以得到充分切实的发挥和动用。

3. 让孩子克服压力

从任何角度讲，一个压力过大的人是难以维持客观态度，很难找到解决问题的潜在方案的。因为他过分专注于自己的压力，感到不堪重负，各样事情都展不开手脚。总觉得时间不够、要求太多、落入圈套等，负面情绪往往占上风。受挫的情绪必然导致受挫的结果，导致创造力低落，降低判断能力。

克服的办法就是要正确处理压力，具体可从以下方面来努力。

（1）为自己所承担的压力负责，不责备他人。

这样你将察觉压力往往是自己造成的，是心理作用。

（2）学会工作和休闲两不误的均衡生活态度；学会忙里偷闲，可以不急着做的事就别急着做；经常抽时间运动，从事放松的娱乐。

（3）养成睡眠的好习惯，别搞乱自己的生物钟。

（4）不做能力范围之外的事；目标要实际，不要老想月亮上的事。

（5）任何地方都有乐趣，请学会就地享乐一下。

（6）抽时间和朋友、家人们聊天和聚会。

（7）一定要科学安排时间，合理地安排时间是减少压力的好帮手。

（8）注意饮食，讲究一点营养科学；不要借酒浇愁，酒可以麻痹人，但不会麻痹压力，酒醒之后，压力依旧是老样子。

（9）减少负面情绪，相信并不是每一种打击都有害。找一双倾听的耳朵，发泄和排遣郁闷。

4.让孩子积极避免假设错误

假设是错误的，结论也是错误的，解决问题的办法也是错误的，这样的思维方式不会产生创意。

要克服被假设蒙蔽的方法就是认真检视假设。这样做是比较困难的，因为假设毕竟是假设，很难有正确判断所赖以成立的依据。虽然如此，还是有一些蛛丝马迹可以帮助你的。

为了避免错误，并发挥创造力去寻找最佳的解决方法，有必要重新审查基本的假设。

（1）追问最大的可能性；

（2）寻找理所当然的前提；

（3）找足够的可能的解释。

5.让孩子学会避免逻辑错误

逻辑在引导人们理清思路的同时，也会束缚人的创造力，往往成为使人思路狭窄的祸首。

有创意的人经常用超越逻辑的思考方式来解决问题。其中包括想象力、直觉、情绪及幽默感。

克服逻辑错误的好办法就是培养内在的创造力。可以用以下思路来帮助自己。

首先，写下一个问题。先按逻辑方法设想可能性。

然后，忘掉逻辑，开始奇思异想。发挥所有的可能性、洞察力甚至荒谬见解。不要评判它们，让它们自然流露，写下一些以前未有的念头，逼自己想出逻辑之外的新点子，哪怕新点子并不实用。

七、培养孩子的创造性思维能力

创造性思维是一种具有开创意义的思维活动。创造性思维还可以从更广泛的含义上去理解，不仅做出完整的新发现和新发明的思维过程是创造性思维，而且那些尽管没有取得最后发现和发明，但在思考的方法和技巧上，在某些局部的结论和见解上具有新奇独到之处的思维活动，也是创造性思维。不仅在科学技术领域中那些重大发明和发现过程中存在创造性思维，而且在人们的日常生活和活动中，也无不存在创造性思维。创造性思维一旦成为人们最普遍的活动方式和内容，将标志着人类的文明程度发生了划时代的飞跃。

那么，怎样引导和培养孩子的创造性思维能力呢？

首先，注意养成思考的习惯，在不断地思考中锻炼与发展思维能力

我们知道，一般人的天资并没有大的差别，如同马克思所说："搬运夫和哲学家之间的原始差别要比家犬和猎犬之间的差别小得多，他们之间的鸿沟是分工掘成的。"人的思维能力主要是在用脑的实践中形成与发展的。像体育锻炼可以增强人的身体素质一样，勤于用脑可以使大脑越来越发达，思维能力越来越强。我国清代的思想家唐甄说得好："心，灵物也；不用则长存，小用之则小成，大用之则大成，变用之则至神。"因此，我们要注意养成凡事都要用脑筋想一想、问一个为什么的习惯，不满足于对事物的一知半解，不满足于接受与记诵现成的结论。只有这样，脑子才能越用越灵。

其次，努力走出思维定式

走出思维定式，打破旧框框，这是进行创造力训练的第一步。每个人都知道

钢铁的密度比水大，因此推测钢铁在水上必然下沉就是顺理成章的了，甚至我们可以很容易地用实验来验证这一点。然而，如果这个常识占据我们的头脑，并阻碍我们的思维的话，恐怕到今天我们也只能划几只木船来做些短程的航行。

在日本的某工厂，为了让工人能在明亮的条件下进行工作，厂房的屋顶很多地方用玻璃代替了不透光的瓦。但使用了一段时间的玻璃后，由于厂房的灰尘很多，因此玻璃很快就脏了，厂房自然就变暗了，不得不进行打扫。打扫完后，发现清洁费相当的可观，工厂无法承受。大家为此绞尽脑汁，但仍然想不到好的方法。

后来，有一位工人突然思路一变，他认为可以不去考虑顶棚，而在每个工人的身边安一盏灯就可以解决照明与清洁费高的矛盾。从此，不再用玻璃而改用灯，发现果然省钱。

第三，积极克服从众心理

恐怕对于每个中国人来说"枪打出头鸟"、"利刀子先钝"，这些"名言"应当很熟悉。中国人的这种中庸之道自古到今都相当盛行。

社会心理学家所罗门·阿希做过这样一次实验。他找来七名大学生坐在一起，请他们判断两张卡片上的线段长度。第一张卡片上画着一个"标准线段"，其余的每张卡片上画着三个线段，其中只有一个线段与"标准线段"长度相等。阿希要求大学生们找出其余卡片上与"标准线段"长度相等的线段，并且按照座位顺序说出自己的答案。

其实，那七位大学生中，只有倒数第二位是蒙在鼓里的受试者，其余六位大学生事先已经串通好了，他们的答案保持一致，但三分之二都是错误的。以此来测试那位受试者能在多大程度上不受周围人的影响，坚持自己的正确答案。

实验的结果是，有33％的受试者由于屈服于群体的压力而说出了错误的答案。

有趣的是，不但人类有"从众"的倾向，其他的群居类的动物也许都有"从众"的习惯。法国的自然科学家法伯曾经做过一个有趣的实验：把一群毛虫放在一个

153

盘子的边缘，让它们一个紧跟着一个，头尾相连，沿着盘子排成一圈。于是，毛虫们开始沿着盘子爬行，每一只紧跟着一只，既害怕掉队，也不敢独自走新路。它们连续爬了七天七夜，终于因饥饿而死去。而在那个盘子的中央，就摆着毛虫们喜欢的食物。

思维上的"从众定式"，使得个人有一种归宿感和安全感，能够消除孤单和恐惧等有害心理。另外，随大流也是一种比较保险的处世态度，你想，自己跟随着众人，如果说得对，做得好，那自然会分得一杯羹；即使说错了、做得不好也不要紧，无须自己一人承担责任，况且还有"法不责众"的说法。

日本一位著名的企业家说：一项新事业，在十个人当中，有一两个人赞成就可以开始了，有五个人赞成时，就已经迟了一步；如果有七八个人赞成，那就太晚了。

当我们面对一些实际问题时，如果一味地从众，自己不动脑筋，我们就很难获得成功。

第四，大胆进行胡思乱想

想象力能使常被认为不可能的东西变为现实。拿破仑说过："想象支配人类。"想象力，这是人的伟大之处。

人的创造范围完全是由人对自己的想象和认识所决定的。创造力是让人去"胡思乱想"，想那些常人不敢想的，做常人认为怪异而不敢做的事情。开始时也许是空想，但如果你能全力以赴、持之以恒地为之奋斗，也许理想会变成现实，这对个人的发展、事业的进取将产生很大的影响。美国著名心理学专家丹尼尔·高曼说："要想在事业上有所成就，将以有无创造性思维的力量来论成败。"而作为决定创造范围的想象力就当然也显得很为重要了。

看过《福尔摩斯探案集》的读者应该记得福尔摩斯是如何在面对他所遇到一件件稀奇古怪的案件时施展他的想象力的。他往往是根据他经过仔细观察后得到的线索来进行想象，有很多想象是常人所不能想到的，然而福尔摩斯却突破常规，大胆进行想象，最后根据想象进行追查，出人意料地破了案。福尔摩斯在总结他的破案经验时曾对华生说过苏格兰的警察们有时老破不了案，其中很重要的就是因为他们缺乏想象力。福尔摩斯的许多破案方法至今仍然是许多警察学校的必修内容。

比如，如果我们看到七条菜青虫卷曲身子从斜面滚下去，普通的联想顶多认为菜青虫找到了一个很好的逃避的方式；但放开一步联想，我们很快就能想到轮子，再放开一步，也许我们会联想到人类可以利用一个球形的充气囊从悬崖上往下跳；如果作无限制的联想，我们甚至可以去想菜青虫滚动的轨迹可能与某一个行星的公转轨迹相似，或者气候的变迁使得菜青虫采取了这种姿势的卷曲与滚动。当然，想象力可以无边无垠，但最终都要回复到正在学习的内容或正待解决的问题上来。你需要记住的是，无论你的想象多么荒诞不可理喻，如果有助于解决问题或者使你产生绝妙的创意，那么你就采取了正确的做法。当爱因斯坦思考相对论时，他正在做着白日梦，幻想着自己正骑在一束光上，做着太空旅行，然后思考：如果这时在出发地有一座钟，从我坐的位置看，它的时间会怎样流逝呢？这样做并不复杂，我们何不也尝试着做一做呢？

八、让孩子保持头脑灵活

一位哲人说：人生必在思考中度过。我们最基本的生活方式是思考。一个人不惯于思考，生活就变得机械、麻木。一个人没有了创造力，根本不可能成就了不起的个性，就永远只能是三流人物。

要想让孩子保持头脑灵活，就必须教他掌握一定的诀窍，养成良好的思维习惯。主要包括：

1. 让孩子经常用脑

思考对大脑来说，如机器运转，不思考的大脑就会像久停的机器一样锈蚀。经研究证明，人脑智能远未完全被开发出来。经常用脑无疑是开发智能的良方。多阅读多提问，能促进脑细胞更好地新陈代谢，提高思考和记忆力。

2. 让孩子学会信息筛选

人脑可贮存 1 千万亿条信息。如此多的信息如不加以筛选，必将互相干扰，影响思考效果。因此，青少年每天都应该对进入脑中的信息作一次回忆整理，分清主次，对主要信息可用脑力去思考并进行记忆，对次要信息则可以不作强化记忆。

3. 让孩子养成分析综合的习惯

思维的最基本的过程是分析和综合。所谓分析，就是在头脑中把事物的整体分解为部分或者把整体的个别特征、方面分解出来；综合则是指在头脑中把事物的各部分联合起来，或者把事物的特征方面结合起来。

为了使这种分析和综合更正确，应该使用归纳和演绎的方法，使思维能比较快地从个别上升到一般，而且根据一般道理来解释个别现象。

事物之间的关系是复杂的，在分析、综合问题的因果关系时，要善于抓住本质的东西，不要被现象所迷惑，不要局限于单一因素上。应该多想一想：什么是主要原因？什么是次要原因？什么是一般原因？什么是个别原因？

4. 要让孩子学会善于比较

我们总是通过确定被比较对象的共同点和相异点来认识事物的。怎样进行比较呢？

在学习中，可以采用顺序比较法，就是将学习的内容和过去学过的内容进行比较。例如，学习乘法时，把它和过去学习过的加法进行比较，加深对乘法的理解。也可以采用对照比较法，就是同时交错地把两种要学习的教材加以比较。

比较总是在某一个特定的方面进行的，因此在比较过程中始终要围绕主题进行，不要跑题。

应该注意比较哪些是事物的主要因素，哪些是次要因素。有时在比较中搞不清主次，就应该及时求师，解决问题后，再反过来问一问：为什么自己比较不出来？是哪些环节出了问题？

5. 要培养孩子的抽象和概括能力

将事物的一般的、本质的特性抽出来单独加以考虑，这种思维特征叫抽象。将事物的一般的、本质的属性联结起来并推广到同一类事物上去，这种思维特征叫概括。它们是在比较的基础上进行的，应该遵循"从感性到理性、从具体到抽象"的原则，经常与具体的事物、形象的比喻相联系，将思维具体化。

比如，在阅读某作品时编写提纲，就是培养概括能力的一种有效方法。

6. 对孩子加强分类的训练

为了提高掌握知识的质量，应该有意识地进行分类的训练。即是将个别的现象或对象分门别类地列入适当的种类中去。

进行类似的分类，可以更好地理解和牢记各种概念的本质属性。必须注意，有些人记忆能力很强，但思维能力却不是很好，这是由于只满足于死记硬背的结果，要把重点转移到理解上。

7. 让孩子充分发展想象力

思维活动必须借助于想象。爱因斯坦说："想象力比知识更重要，因为知识是有限的，而想象力概括着世界上的一切，推动着进步，并且是知识进化的源泉。"

怎样让孩子发挥自己的想象力呢?

(1)要扩大自己的知识范围。

一篇作品中出现的某个人物形象可能是虚构的,但是这个人物形象的影子却在很多人的身上可以找到。因此,要丰富自己的想象力,首先应该丰富自己的想象素材。

(2)要经常对知识进行形象加工,形成正确的表象。

例如在学了"原始人"这一概念后,再去周口店看看展览,对"原始人"这一概念进行形象加工,在脑中形成一个活灵活现的原始人表象,就可大大活跃有关原始人的想象力。

(3)丰富自己的语言。

想象依赖于语言,依赖于对形成新的表象的描述。一个人的语言能力的好坏直接影响想象力的发展。有意识地积累词汇,大量阅读有关的文学知识,多练写作,学会用丰富的语言来描述人物的形象和发生的事件,就会扩展自己的想象力。

九、开发孩子有助于独创性的思维方式

成功的人士都能认准成功的方向,掌握成功的方法,善于发现成功的"窍门",他们有着与众不同的"心计",常常独具匠心、别出心裁、另辟蹊径,从而达到独创性的成功。

如何培养孩子有助于独创性的思维方式呢?

1. 让孩子看看坏的艺术作品

如果你不知道好的艺术作品究竟好在哪儿，这些坏的艺术作品常常会给你提供一些线索。有人仿金圣叹之语气写读坏书之乐趣："连日来所读之书，多有平庸之作，仔细翻过，所得无几。想人可写书，我也可写书；我若写书，切忌平庸如此。人生在世，应有高远之志，人可为者，我亦能为，唯期所为必有建树。于是信心百倍，神情跃如。不亦快哉！"看来坏的艺术作品，的确能使我们的思路更开阔。

2. 让孩子多读些参考书

每天在睡觉前看看科普读物，是增加你的一般知识的有效方法。请记住：几乎所有真正有艺术创造力的人，都曾经努力扩大他们的一般知识和专业知识。

3. 经常带孩子光顾工艺品商店

从日新月异的文具、五金百货等造型上你也许会突然获得灵感或得到某些启示。那些商品的巧妙设计常常会展现出许多你从未想过的作品题材。

4. 让孩子抬头看看自己每天经过的那些建筑物

对于那些我们认为非常熟识的建筑物，却很少有人能描述一下它们的第二层是什么样子。你可以沿着你通常去商店、学校或办公室的路线走一次，再反向走一次，沿途仔细观察整个建筑物，仔细体味内心的不同感受。

5. 让孩子少睡觉，多躺着思考

静静地躺着是非常养神的，在这些大脑平静的时刻，你的潜意识的创造性思维将会异常活跃。你可以漫不经心地看着某些使人安详的景物；白色的云彩，龙飞凤舞的书法，一道道帆布上的油彩，风格鲜明的东方地毯，绿色的植物或金色的阳光。

6.鼓励孩子从一个新的角度观察、考虑

用望远镜或者放大镜重新观察和发现你周围的环境或事物，从一个高建筑物上观察你生活或工作的地方会特别有益。我们是谁？我们正在做什么？对于这些问题我们通常只有过于破碎和内向的认识。换一个角度看待它们，会使我们有一个更新和更广的认识。把诸如扩大、缩小、取代、重组、颠倒、合并等动词列一张表，设法把每一个动词都依次运用到你要解决的问题上，试试看是否行得通。

另一种方法是把定语列成表格。比如以螺丝起子为例，它可以有以下一些定语：圆的、钢杆的、木柄的、楔形刀头的以及用手旋转操作的。要设计一把更好的螺丝起子，你分别集中考虑这些定语，问问自己是否可以把圆形的起子钢杆做成六角形的，以便可以用扳手旋转，增加转矩？如果去掉木柄，把钢杆做成适合电钻的样子行不行？是不是可以为规格不同的起子做几种可以互相替换的钢杆？列定语表最基本的前提是对每一个部件提问："为什么这东西一定要这么做？"这样提问有助于帮助孩子打破无意识的固定观念。

第八章
提高孩子学习效率的方法

一、培养孩子认真细致的方法

　　小雅是一个特别文静、乖巧的小女孩，在学校里，很多老师和同学都很喜欢她。小雅的父母都是国有企业的职工，他们很重视女儿的学习。有一天，学校的张老师去家访，小雅和她的爸爸妈妈都在家，她的爸爸妈妈向张老师投诉：小雅实在太粗心了，每次他们给她检查作业，不是这里错一点儿，就是那里错一点儿。

　　考试的时候也是这样，常常因为粗心大意，很多原本会做的题也做错了。张老师和小雅的父母一起感叹：太可惜了！张老师还给小雅举了她上学时，因为粗心大意造成的遗憾。没想到，小雅扑闪着大眼睛，思考了一会儿，很严肃地说："这么说来，粗心大意也挺不错啊，粗心还可以做老师呢！"张老师和小雅的父母面面相觑，一时无言以对。

　　哈佛大学的教授告诉学生们说："认真细致是学习的第一品质。"我们在读书的时候需要认真细致，一个字也不放过，一个描写也不放过，一个情节也不放过；思考的时候需要认真细致，不是浅尝辄止，不是有个大概与囫囵，而是努力地寻根问底，不放过任何一个疑惑与疏漏；写字的时候需要认真细致，每一笔都是到位的，每一笔都是工整的，每一个字都力求写好，再求写快……或许有人认为，这样认真细致地学习，多累，多烦恼。事实上，认真细致地学习恰恰是轻松的，愉快的。

　　那么，在孩子成长过程中，妈妈应该如何培养孩子认真细致的性格呢？

培养孩子认真细致性格有如下方法：

方法 1. 不要采取正面惩罚的方式

说明：对孩子的粗心，妈妈尽量不要采取惩罚的方式，以避免对孩子粗心的强化，而是应该运用正面强化的方法，比如在孩子粗心时不去批评他，但是在孩子认真细致地很成功地完成一件事的时候，妈妈可以表扬孩子，强化他的细心，这样孩子就会慢慢接受这种心理暗示，越来越向着认真细致的方向发展了。

方法 2. 让孩子养成自己检查作业的习惯

说明：孩子做完作业后，妈妈不要帮着检查，而且不要一发现错误马上指出并让其改正。否则，孩子会更加粗心，其作业的错误也会越来越多。妈妈应该让孩子自己去检查自己的作业，让他自己去发现其中因粗心而造成的失误。等孩子检查出来改正后，妈妈要及时给予表扬。

方法 3. 进行注意力训练

说明：妈妈可以找一些过期图书、杂志，做成有植物、动物或孩子喜欢的其他内容的小卡片，快速闪现小卡片，让孩子说出卡片上的信息。每张卡片上内容的数量应由少到多，循序渐进。

方法 4. 在生活细节中培养孩子认真细致的习惯

说明：孩子的各种优良性格要在日常生活的细微之处培养，而认真仔细的性格品质也是如此。只有细微处的教育和培养才能让孩子更好地理解并接受，才能更好地深入内心，当正确的观念深入到意识时，良好的习惯和性格便可随之养成。妈妈可以让孩子学习富兰克林，反复训练，一段时间内只重点纠正一种坏习惯，等相应的好习惯养成之后，再开始下一个坏习惯的纠正训练。渐渐地，让细心成为孩子的思维习惯。

总之，妈妈想要培养孩子认真细致的性格，与其一味责备，给孩子施加很大的心理压力，倒不如在平时加强对孩子的训练，注意他良好性格的养成。

二、培养孩子讲求效率的方法

　　生活中，许多小朋友做事常磨磨蹭蹭，玩起来不顾一切，要是再做别的事情，妈妈就只有不断催促和耐心等待的份儿了。其实，孩子在日常生活和学习中，经常会有懒散、懈怠或者拖拉的现象发生。比如孩子在早晨起床后，穿衣、洗漱和吃饭都十分缓慢；在做作业时，写一会儿作业，发一会儿呆或是摆弄摆弄铅笔、小玩具什么的。妈妈们对此充满了担心，害怕孩子这样下去长大后会一事无成，想帮助孩子养成讲求效率的好性格，但却不知从何做起。

　　都说行为方式决定行为能力，如果妈妈对孩子做事磨蹭的习惯不加以改正，一旦形成习惯，想要补救则会变得非常困难。并且，生活上磨磨蹭蹭的坏习惯会延续到学习、交往等多方面，引起一系列后果。因此要合理安排好孩子的生活，从点滴小事做起，引导孩子认识到提高做事效率的必要性，帮孩子克服做事磨蹭的不良习惯。请看下面的事例：

　　妞妞妈是一个急性子和遵守时间的人，为了培养妞妞追求效率的性格，她专门立下了一些"规矩"，比如妞妞必须按时作息，做事情要行动迅速等等。尽管对妞妞立下这些规矩有点"对牛弹琴"的味道，但从妞妞的言行举止来看，效果还是有的。现在妞妞在幼儿园，无论上课发言还是游戏或者休闲活动，都动如脱兔，利落干净。只有少数时间在家中专注于某事，比如画画、看书，如果打岔或再转做别的事情会恋恋不舍。

　　有一天上午，全家人临时决定去超市买东西。时间比较紧了，于是妈妈催促妞妞收拾东西，这时妞妞正认真画画，她应答着，居然对妈妈说：

"妞妞不用妈妈催!"过了两分钟,妞妞画完了,然后主动迅速找到外套,全家人都对妞妞竖起了大拇指。

如今,在这个追求速度和效率的时代,各种知识更新和传递的速度,给孩子的学习带来了巨大挑战。孩子在学习过程中需要处理的信息比以往任何时候都多,如果对一些学习内容纠缠不清,很容易丧失高效率学习的目标。因此,学习学习再学习,在有限的时间内掌握更多知识,是孩子适应未来社会挑战的客观要求。那么,妈妈应该如何培养孩子讲求效率的性格呢?

1. 加强孩子的时间观念,培养孩子对子时间的把握能力

孩子做事磨磨蹭蹭,与他们没有时间观念有关。妈妈应帮助孩子认识到磨蹭给自己和父母都会带来不好的后果,使孩子接受意见并表示愿意改正。妈妈还可以给孩子制订生活日程表,记录每天早晨穿衣、盥洗、吃饭等所用的时间,一段时间后总结一下进步情况,孩子肯定会为自己的进步而感到兴奋,主动地加快自己的做事速度,时间观念也会因此而加强。逐渐懂得根据时间来调节自己的做事速度,合理把握好时间。

2. 让孩子去做一些自己感兴趣的事情

孩了自己会有一笔账:找做得越快任务越多,反正也不能出去玩,不如索性做得慢一点,起码可以省点力气。这个问题解决的最好方式就是,平时不要总是对孩子层层加码,要把孩子节约出来的时间还给孩子,在孩子较快完成了任务之后,赋予孩子自由安排生活的权利,让孩子去做一些自己感兴趣的事情。

3. 给孩子一定的奖励

妈妈可以和孩子约定,如果他在规定时间内按要求完成作业,就奖励他看动画片。孩子在感觉到做事快对他来说大有好处时,才会在做事的时候"快"起来。这是运用学习动机中的强化理论,激发孩子养成按时作业的时间观念,恰当的奖

165

励可以强化孩子追求效率的性格的养成。

4.让孩子品尝磨蹭的代价

让孩子自己去品尝磨蹭的不良后果，不失为一个改掉孩子磨蹭毛病的好方法。比如孩子早上晚起时，妈妈不要着急，也不要去帮他，可以提醒孩子一下"再不快点可要迟到了"，假如他依然在那里磨蹭，不妨任由他去，不用担心孩子会因此而迟到，让他亲身体验上学迟到的后果。孩子如果真的迟到了，老师必定会询问他为何迟到，孩子在受到批评之后，便会意识到磨蹭所带给自己的害处，有过几次教训，便会主动加快自己的速度。

孩子没有成人那种"一寸光阴一寸金"的概念，经常有懒散、懈怠或者拖拉的现象发生，这样的性格一旦养成，无疑会对孩子日后的生活和发展，产生许多消极的影响。想要培养孩子讲求效率的性格，就需要妈妈平时能够细心观察孩子，了解孩子，采用切实可行的办法来帮助孩子树立遵守时间、珍惜时间的良好习惯，以便积极应对人生中处处充满的挑战。当孩子有了时间观念和效率观念之后，无论是穿衣、吃饭，还是学习、做事，都会因此而变得利索起来。

三、培养孩子良好的时间观念

我们知道，珍惜时间就是珍惜生命。孩子能否安排好自己的时间，与他的学习效率有很大的联系。如果妈妈在早期教育中，让孩子养成良好的时间观念，就等于给了孩子知识、力量、聪明和美好的开端。

著名的教育学家詹姆士·杜布森说过："善于利用时间的人，永远能找得到富裕的时间。学会做时间的主人，将会使你受益无穷。"每个人都是在时间长河中开始旅途的，每个人的生命都是在时间中发展的。谁能够把握时间，谁就会利用时间，谁就会最早接近成功的终点。我们看看那些一生碌碌无为的人，大多是因为在年轻时虚度了光阴。有这样一件事：

小乐是一个不会安排自己时间的孩子。每天放学之后的第一件事，就是和邻居小朋友一起玩。妈妈多次催他做作业，他总说马上就来，可书桌前却迟迟见不到他的踪影。每次，都要等到开饭的时间，他才会在妈妈的再三催促下不情愿地回到家中。饭后，妈妈再次催他做作业，他却总是不紧不慢地说："时间还早，等我看完动画片再做也不迟。"看完动画片，再做一会儿这个，玩一会儿那个，直到不能再拖，小乐才会坐在书桌旁开始做作业。因为之前浪费了太多时间，所以每天小乐做好作业之后，都已经过了九点半的上床睡觉时间。于是，第二天早上，总是赖在床上不肯起来，结果常常迟到……这样的情景几乎每天都在小乐家上演。为此，小乐的妈妈想了好多办法，可就是不见效果。

由于孩子的年龄小、自制力较差，所以对时间观念不太明确，他们往往不会按照事情的主次和轻重缓急来安排时间，而是仅凭自己的兴趣安排时间，这样就会影响许多事情的处理。其实我们大家所拥有的时间是一样多的，但是为什么有的人能够做出一番大的事业来，而有的人却一事无成？其原因就在于有的人知道时间的宝贵，而有的人却在浪费自己宝贵的时间。因此，在孩子不善于利用时间的时候，妈妈要运用一定的方法，帮助孩子养成合理安排时间的好习惯，这对孩子的成长具有很大的意义。还有一件事也很典型：

小米是一个时间观念很差的女孩，做事情总是磨磨蹭蹭的，不管是生活上还是学习上，如果不经常催促，她根本意识不到时间是有限的。妈妈决定从小事中入手，培养她珍惜时间的好习惯。妈妈知道小米喜欢看科幻图书，于是决定周末带她去图书馆，让她增长知识的同时，培养她珍惜时间的好习惯。小米看到那么多科幻书籍很兴奋，但是她还是懒懒地看，以她的速度，一天看一本估计也看不完。于是，妈妈教给她如何选择自己感兴趣的、有价值的书籍看，如何选择里面具有意义的细节，这样就是节省了时间，还增加了知识。在妈妈的教育下，小米不仅学习上变得勤快多了，生活上也有了很大变化，时间观念逐渐增强了。

俗话说："一寸光阴一寸金，寸金难买寸光阴。"时间是这个世界上最宝贵的东西，如果流逝了，就永远不会再回来。如果谁能抓住时间，成为时间的主人，那么谁就能成为强者。如果一个孩子不能从小养成珍惜时间的好习惯，那么长大以后他们就很有可能成为一个不守时、不惜时的人，想要取得成功也就成为空谈。

所以，为了孩子的成长和未来的发展，一定要从培养孩子的时间观念做起。具体来说，妈妈可以从以下几个方面入手。

第一，把珍惜时间的意义用故事说给孩子听。

对于学龄前的孩子而言，仅凭说教很难让他们理解时间所涵盖的意义和价值，但是他们天生对故事有着很强的理解能力。所以，妈妈可以通过讲名人珍惜时间的故事的方式来帮助孩子树立时间观念，让孩子认识到时间是最宝贵的财富，只有珍惜才能让它发挥最大的作用。还可以在醒目的地方贴上有关珍惜时间的名言警句，提醒孩子树立时间观念。

第二，帮助孩子养成良好的作息习惯。

如果孩子没有养成良好的作息习惯，就不会具备合理把握时间的能力。时间资源利用得好，对孩子的生活和学习就会产生很大的帮助。孩子的随意心理比较严重，但是父母要让孩子养成有规律的作息习惯，这是让孩子养成时间观念的最好途径。

第三，教孩子有效利用黄金时间。

每个人都有生物节律，例如，在相同的时间段内，心情好的时候学习效率就高，情绪不稳定的时候，学习效率就低；一天当中，早晨和夜间学习效率高，下午和傍晚学习效率低，孩子当然也不例外。专家指出，对孩子来说，一天之内有四段高效记忆时间：

高效记忆时间表

时间段说明

早上 6~7 点适合记忆一些新的概念、新的内容。

上午 8~10 点适合记忆大量基础理论知识。

下午 7~9 点适合进行综合性知识的记忆。

晚上 10~11 点适合记忆精确性高、容易出错的知识。

当然，这只是给妈妈参考的，并不是确定的，因为每个孩子之间存在些许差异。所以，作为妈妈，平时就应该仔细观察孩子，掌握孩子的最佳记忆时间，然后尽量把学习的时间与之安排在一起，以此提高学习效率，强化孩子的时间观念。

第四，给孩子留出一些自由支配的时间。

自由支配时间，意味着孩子具有了热情地实现自我、用创造性的方法表达自我的机会。剥夺孩子的自由支配时间，实际上是在剥夺孩子成长和发展的机会。所以，妈妈每天都要给孩子一定的时间用来自由支配，让孩子去做自己想做的事。而且无论孩子用这段时间来做什么，是玩还是休息，都不要干涉。放松过后，孩子的情绪就会比较稳定和愉快，学习效果也会变得理想起来，而且他们的时间观念也会因此增强。

四、对夸耀保持戒心

凡事有利就有弊，适当的夸耀能够提升孩子的学习动力，但是过火的夸耀就有负面作用了。许多社会心理学家一致认为，现代的家长落入了"过度赞美"或"不当赞美"的误区，许多妈妈把爱的教育误当成毫无分寸的赞美，所以才让孩子在泛滥的赞美下，失去了抵抗不完美的能力。

在日常生活和学习中，当孩子遭到他人的称赞和夸耀后，如果自己洋洋得意、裹足不前，那么就真的处于不利的境地了。因此，妈妈就需要培养孩子对夸耀保持戒心的性格，让孩子明白，话语的力量是无穷的，它可以颠倒黑白，可以增光添彩，也可以使人停滞不前。只有让孩子对自己的能力保持清醒的认识，才能获取更大的学习成绩。请看下面的事例：

5岁的美美在客厅茶几上涂鸦，无意间画了几撇她自己都不晓得是什么东西的图案。妈妈看见了，为了鼓励美美，便故作激动状地拍手叫好："画得真棒！美美真聪明！"一旁的姥姥看见了，也跟着鼓掌称好。傍晚爸爸下班回到家，妈妈兴奋地告诉爸爸今天美美有多能干，爸爸于是又鼓掌叫好一番。美美很兴奋，继续涂鸦。

接下来的几天，相同的场景又出现了几次，可是美美在连续开心地画了几天之后，突然就不再喜欢画画了。妈妈和姥姥觉得很奇怪，问美美："你不是很喜欢画画吗？怎么不画了呢？"美美噘着嘴，摔掉彩色笔说："我不喜欢画画！"

美美到底怎么了呢？原来，刚开始学习画画的时候，美美确实觉得兴奋，也感受到了绘画的乐趣，而且她知道，只要她画画，妈妈和姥姥就很高兴，就说她是聪明能干的好宝宝。可是她还小，或许是她的绘画能力有限，或许是她根本不知道该画些什么，又或许是她根本就不喜欢画画，于是她很担心，担心她的"不能干、不聪明"会被妈妈和姥姥发现，而发现之后，她们就会不再喜欢她了。所以，她就拒绝再画画，并且说自己不喜欢画画了。

每一个孩子都是需要赞美的，随着孩子年龄的增长，妈妈对孩子采取"赏识教育"是非常必要的。但赞美也要有节制，要有原则，要有具体目标。一味过度地夸耀，只会让孩子更加骄傲，更加不听话。

曾经有一位教育家说过："如果没有标准，没有明确的教育指向，一味地赞美，就会演变为一种'精神鸦片'，而现实世界是不可能永远提供给孩子这种鸦片的。"所以妈妈应该警惕对孩子进行过度的赞美，伺时也要培养孩子对夸耀保持戒心的性格。具体来说，要注意以下两个方面：

首先，妈妈要教会孩子仔细倾听、分辨话语中的弦外之音，洞察对方隐藏的深刻含义。对他人的称赞，要保持清醒的认识。要让孩子懂得自我鞭策，不自满、不自傲，从而获得不断学习、不断进步的能力。

其次，妈妈应该帮助孩子认识自己内心深处的虚荣心。许多时候，就是由于孩子的虚荣心作祟，才使自己丧失了警惕性，最后经受不住外界的诱惑和误导而走上了自大的道路。因此，妈妈应该想方设法，让孩子把他人的夸耀转化为努力学习的动力，争取更上一层楼。

五、教给孩子刻苦钻研的性格

刻苦钻研，这是孩子掌握知识、增加学问的唯一通道。学习是思维的逻辑推理过程，需要孩子从了解、记忆到熟练把握，会耗费孩子大量的精力和时间。而要做到精通和专业，则需要付出更多的努力。只有刻苦钻研的人，才能有所收获，才能离预期的目标更靠近。

事实上，我们所看到的很多天才、神童，都是在某一方面有浓厚兴趣，并有这方面特长的人。当他们对某一问题产生强烈的兴趣后，就会集中精力钻研下去。

一位妈妈是这样培养孩子刻苦钻研的性格的：

女儿小瑶上小学一年级的时候，老师就反映说："小瑶虽是个乖孩子，可最突出的毛病就是上课时注意力不集中，学习缺少坚持不懈的精神，往往是半途而废。"我深知孩子的这个毛病如果不改掉，将成为她今后求学路上最大的障碍。

为此，我曾严厉批评过她，每次她都表示知道错了，可是并没有什么实质性的改变。

一个周末，我特意向一位教育专家咨询，他给我的建议是：培养孩子的刻苦钻研的性格，可以试着让孩子参与一些简单有趣而又富有挑战性的游戏。

于是，我去玩具商店买来4盒积木，自己先用这数百块积木搭了一座15层的高楼，然后推倒让小瑶搭。我坐在跟前仔细观察，以表明我仍在参加游戏。"你能搭15层吗？"我用诱导的语气问女儿。她看到我的楼房很壮观，便来了精神："怎么不能，兴许我搭得更高。"我不失时机地鼓励："那好，我要看你的楼是不是更高。"小瑶便聚精会神地开始"工作"，可是第一次她只搭到6层就倒了，第二次也只是到8层。第二天，她已能搭起10层。第五天她搭到了13层，可接下来的日子就停滞不前了。一次次失败。又一次次推倒重来，超过妈妈的信念鼓舞着她不懈地努力。

有一天，我问她："超过妈妈没有？"她歪着脑袋，十分惋惜地说："现在还没有，可是以后我会更加努力的！"我赶紧趁热打铁："你说得对，也做得对，虽然暂时还没有成功，可是你努力去做了，终于有一天会成功的。你不甘心，说明你有毅力；搭积木你能做到这点，说明你做别的事也能这么做，包括你的学习。"如此这般，经过一段时间的毅力培养，女儿逐渐养成了刻苦钻研的性格，不管做什么都会坚持不懈地努力，她的学习成绩也很快有了明显进步。

人们常常用"十年寒窗苦读"来形容学习，这是非常贴切的。读书是一个苦差事，要求人们忍受寂寞、苦思，乃至忍受恶劣的生活环境。少年匡衡凿壁偷光，借书苦读，为我们展现了刻苦钻研的另一面。今天，人们的生活条件有了很大改善，可以在优裕的物质环境中学习知识，但是想要获得成功的目标，钻研的精神不能丢弃，需要我们发扬光大、不断传承。

俗话说："吃得苦中苦，方为人上人。"古今中外，凡在科学或事业上有所建树的伟大人物，大都在儿童时期就确立了远大的志向和明确的学习目的，并克服重重困难，刻苦钻研，毕生追求，矢志不渝，终成大器。妈妈希望自己的孩子有所作为，有远大的抱负，就要从小做起，培养孩子刻苦钻研的性格。那么具体说来，妈妈应该从哪些方面着手呢？

1. 帮助孩子确定钻研的对象

妈妈应该帮助孩子发现他的兴趣所在，只有孩子感兴趣的东西，他在学习和钻研的时候才会全身心投入，从而使学习的潜力发挥到极致。

2. 引导孩子进行"研究"

所谓钻研，就是要有一种研究的态度来看待问题。孩子遇到问题，如果得不到答案，常常会弃之不理。因此，妈妈要引导孩子去寻找问题的答案，在这个过程中，就能培养孩子的"钻劲"。有了这股力量的孩子，往往更喜欢去挑战难题，更具有自信。

3. 让孩子体会学习的苦与乐

对孩子而言，学习并不是一件快乐的事情，所以我们要培养孩子刻苦钻研的精神。事实上，克服困难后的成就感，正是学习的乐趣所在。因此，要让孩子在学习的困难面前勇往直前，首先要让孩子尝到战胜困难后的喜悦与兴奋。

4. 适当地给予孩子赞美之词

在孩子学习的过程中，妈妈不要过分批评他的错误，因为这样会影响他的情绪，而导致更大的错误。如果能够在孩子有进步的时候，适当地给予孩子赞美之词，这样能起到很大的鼓励作用，促使孩子不断进步。

六、告诉孩子学以致用的方法

问妈妈们一个问题：孩子学习的目的是什么？可能有的妈妈认为是考大学，有的妈妈认为是出人头地。但实际上这些都不过是表面目的，更深层次的目的在于学以致用。

经过十几年的学习，孩子毕业后最终会进入社会，如何实现从校园生活到社会生活的转变，是每一个孩子将会面临的一个挑战。我们看到，许多人抱着书本知识不放。很难放下架子从事基层的工作，结果难以进入新的角色，乃至对自己日后的发展产生了严重影响。

学以致用是一种走向成功的能力，是一种使自己更轻松地前进的智慧。而不善于学习、不善于把知识变成能力的人，就会像无头的苍蝇四处乱撞，就会华而不实，很难获得真正的提高。这样的人，终其一生难成大事。所以，作为妈妈，自然应当培养孩子学以致用的能力。如果孩子只知道"死读书，读死书"，而不懂得把自己所学与社会实践结合起来，一味沉溺在自己的所谓"理想"中，这只会使孩子的人生变成一个笑话。请看下面的事例：

在王女士看来，女儿艳艳一直有一个明显的能力缺陷，那就是不会学以致用。

有一天早晨，王女士叫女儿下楼去买一些早点回来。王女士想。已经上小学二年级的艳艳应该完全能够胜任这个"工作"。没过多久，艳艳就拎着早点回来了。王女士问艳艳："找你多少钱？"艳艳摊开小手掌给妈妈看，说："这么多！阿姨太忙了，叫我自己拿的。"王女士感到纳闷，自己明明只给了孩子10元钱，买回了一大堆早点，还带回了 9 块多钱？王女士马上意识到孩子算错账了。可这错得也太离谱了吧？这孩子怎么就不会算账呢？在学校这类知识都学过啊！

第二天王女士把自己的经历对同事说了。同事也有一个女儿，今年五年级。听了王女士的"哭诉"，同事笑得前仰后合，说："我也有过这样的经历。孩子学习是一回事，教会她学以致用就是另一回事。孩子该锻炼还要锻炼。不能让她学了跟没学一样。那样，她的能力总也得不到提高。鼓励孩子勇敢地自己向前走，往往会比嫌弃孩子没出息更有用。"

听了同事的一番话，王女士受到很大的启示。想想自己以前的教育方法，就是不太注意对孩子学以致用方面的教育。

古人一直教育我们要学以致用。学了不用，等于学了无用。一个人，无论从事什么工作，只有关注社会现实，才能取得较大的成绩；否则，自己的学习就成了无本之木，无源之水。在孩子学习的过程中，妈妈也要让孩子坚持学以致用的原则，培养孩子学以致用的能力。学习任何东西都不能与社会脱节，否则就成为束之高阁的花架子，没有任何应用价值。鲁迅和郭沫若都是学医出身，却在文学和历史领域创造了自身价值；陈寅恪没有正规大学文凭，却成为一代学术大师，这都是在实践中学习、创造价值的典范。

说到华人首富李嘉诚，几乎没有人不知道。有人说李嘉诚的成功在于幸运，在于机遇。但机遇是偏爱有头脑有准备的人的。

曾有一个商人问李嘉诚："李先生，您成功是靠什么呢？"李嘉诚非常肯定地回答说："靠学习、不断地学习，并把所学的东西充分地应用到实践中。"

李嘉诚小的时候非常喜欢读书，他什么书都喜欢读。后来他来到了香港，做推销工作，他没有忘掉学习，他一面赚钱养家，还不忘一面博览群书。除了小说，文、史、哲、经济、科技方面的书他都爱读，因为他要了解前沿思想理论和科学技术。

后来，李嘉诚回忆起这段经历时深有体会地说："年轻时在兴趣的驱使下，如饥似渴地汲取知识，可那时表现谦虚，心里却很骄傲。为什么骄傲，因为当别人去玩的时候，我在努力地学习，他们每天都在原地踏步，而我的学问日渐增长，可以说我事业后来的成功，是因为我把所学的知识都很好地应用到工作中了。事实证明当时学习的冲劲，对以后的事业发展有极大的帮助。"

正由于李嘉诚刻苦勤奋地学习，永不停步地学习，并学以致用，才使他获得了如此的成功。

学以致用，就是把所学来的别人的知识消化吸收为自己的营养，应用到工作实践中去。学以致用需要多思考，多实践。只有多思考，才能发现所学东西的真正价值，知道怎样用才能最有效。多实践，就要多动手，多行动，总结出更好的方法，这样就能产生事半功倍的效果，从而更快地提高自己，获得最终的成功。作为妈妈，更应该懂得如何培养孩子学以致用的能力。

七、教给孩子从实践中学习

随着孩子年龄的增长，他们会对未知的世界产生更多的渴望，他们会应用不同的手段、方式去求知。这时，学习相对丰富的理论知识，使孩子富有美好的个人理想，同时由于孩子的社会实践经验不足，孩子一贯的象牙塔内的思维习惯，将会对孩子以后发展带来不利影响。因此，妈妈要重视培养孩子从实践中学习的性格，善于把实践当作孩子的老师。

教育家洛克强调儿童学习中的三个习惯：热爱求知、实地观察和亲身体验，这也说明了让孩子动手实践的重要性。实践使孩子们积累丰富的感性素材，由此以经验的或创造的方式解决问题。无论多么精妙的解决方案，多么富有创意的构思，都需要实际进行操作，缺乏实践的任何计划只能是纸上谈兵。请看下面的事例：

　　莉莉是家里的独生女，妈妈将近40岁时才有了她，因此对她十分疼爱，不仅生活中对她呵护备至，而且学习上的事情也经常为她代劳。小时候，妈妈一般都不让莉莉自己思考，而是自己将孩子作业的答案写出来，然后再让孩子抄写到作业本上。妈妈认为，这是为莉莉好。

　　后来的一天，莉莉在学校里学习了"轴对称"和"中心对称"，老师要求学生每个人回家后，都要通过剪纸的方式来真正地理解这两个概念。

　　回家后，莉莉兴冲冲地拿出纸和剪刀，要剪"轴对称"的"蝴蝶"图案和中心对称的"圆"图案。妈妈看见孩子拿着剪刀，怕伤到孩子自己，尽管孩子一直要求自己剪，可妈妈还是从孩子手中夺去了剪刀。莉莉觉得很无奈，妈妈根本就不给自己亲自动手的机会。

　　喜欢动手、乐于实践是孩子的天性，可是生活中还有不少像莉莉这样的孩子，他们的父母喜欢自己的孩子老老实实地待在家里，不喜欢孩子动手实践，一是害怕他们受到伤害或是破坏家庭的整洁，二是由于学校和社会一再强调孩子的分数，一直以来都是"重知识，轻动手操作"，使父母也产生了教育的认识误区。

　　实践给了人们真知灼见，实践使人们对世界的认识进入到新的高度，使人类文明史上知识有了新的记载。试想，如果我们的祖先不是身体力行的实践者，而是整日在太阳底下做着白日梦的空想家，我们现在的生活可能还是丛林里山洞中的　群人猿。人类在实践中发展，孩子同样在实践中成熟。蹒跚学步的孩子只能自己去走，才知道路在脚下。孩子在动手的同时，发展了大脑，在解决问题的同时，获得了知识。

　　当孩子们能读会写的时候，他们有了新的途径获取知识，当使用这些知识的时候，新的实践开始了。只有当知识运用于实践，并为实践所证实时知识才被证明其正确性。有位妈妈在培养孩子动手能力方面，就做出了榜样：

　　一天晚上，小凡和妈妈一起看电视。那是一档少儿节目，主持人在节目的最后留给大家一个"任务"：亲自实践一下，看一张纸到底可以对折几次？小凡的第一反应是无数次。可是妈妈却说："在理论上确实是无数次，但实际上是不会超过 8 次的。"小凡当然不信,妈妈让他试试。

妈妈为小凡拿出了一张纸,他不断地对折,到了 7 次的时候就已经不能对折了。小凡耍赖,说妈妈给他的纸太小了,于是拿了张大点的纸对折。可还是最多对折到 8 次。他还是不甘心,觉得如果纸张薄点可能还可以多对折几次,没想到,他费尽九牛二虎之力,用了最高超的折纸技巧,最终还是完成了 8 次,要想超过 8 次是不可能的。

小凡在这次动手实践中,懂得了原来书本上的知识和自己的亲自实践是有区别的。通过妈妈的引导,他喜欢上了动手实践,在动手的同时还锻炼了自己的思维。

孩子好奇的天性注定他将接受各种方式获得知识、认识世界,善于实践的孩子也善于学习。所以,妈妈应该让孩子在实践中学习,在实践中获取知识。

对于孩子来说,实践的机会很多,实践的方式也各异,妈妈们应该如何培养孩子从实践中学习的性格呢?

首先,鼓励孩子将学到的知识运用在现实生活中,这样在验证书本知识的同时,也加深了孩子对知识的理解,形成一个良性循环,就能更好地掌握所学的知识。

其次,妈妈应该站在从旁协助的立场上,给孩子充分的机会和时间,让孩子自己动手去思考、尝试、寻求最后的答案。孩子在自己动手时,身体、智力等各种素质都会得到足够发展,在活动中,孩子会产生对环境的控制感,会因为成功产生自信,并且学习兴趣也会被激发。

第三,戒掉孩子"眼高手低"的做事习惯。说和做、想和做有很大差距,一些孩子不善于在实践中学习,不屑于从点滴的小事中获得有益的经验,结果会使自己丧失了难得的学习机会和发展机遇。

第四,要学会适当放手,让孩子自己参加实践。这样将有助于启发孩子的思想,激活孩子的思维及创造力、想象力。孩子自己实践得来的经验,比通过父母和老师传授的更为直观,也更受用。

八、引领孩子从成败中学习

有人说，成功与失败，只在一瞬间。就是因为这一瞬间微妙的变化，就可使成功转变为失败。然而在教育孩子方面，妈妈们不能以成败论英雄，因为无论成功或失败，其中都有值得孩子学习和借鉴的东西。一个孩子如果能够虚心接受成败中的经验，总结失败中的教训，可以为自己的学习提供有益的借鉴，那么在他获取成功的道路上将不断突破自己，从而取得更大的成就。

事实上，人生就是一个学习的过程，其中成功与失败交替，都可以为孩子带来某种经验与教训。孩子在学习走路的时候会不断跌倒，然后爬起来接着尝试，不断总结失败的教训，经过反复的练习就可以快步行走了。一个人只有经过不断的历练，体验成功的喜悦，品尝失败的辛酸，才能变得成熟起来，从容面对人生中的各种风风雨雨。

正因为如此，妈妈更应该培养孩子从成败中学习的性格。及时调整孩子的心态，鼓励和支持孩子，让他们以积极的心态正视各种成功与失败，只有这样才能让孩子在人生过程中收获更多。那么，妈妈应该如何培养孩子从成败中学习的性格呢？

1. 让孩子明白坚持对成功的重要性

孩子在学习生活中难免会遇到很多失败的挫折，妈妈可以鼓励孩子"咬紧牙关，再坚持一下，成功就在前面"。很多例子告诉我们，成功与失败有时仅一步之遥，很多失败往往是因为没能坚持到底。妈妈要让孩子懂得，成不成功就在于你这最后的一点坚持，要想成功再撑一会儿就能办到。

2. 教孩子学会处理失败后的情绪

许多孩子在经历失败以后，通常很容易就陷入胆怯和过多的自我批评的情绪之中："如果……可能不会失败"。孩子会因此不断地找理由责备自己，给自己造成很大的心理压力。因此，经验丰富的妈妈应该教孩子学会处理失败后的情绪，让孩子从失败的消极情绪中走出来。

3. 让孩子大胆去说、去做

对于那些内向、软弱，不爱说话的孩子，妈妈要避免对孩子说"你必须这样做"、"你必须那样做"、"你非做不可"之类的话，而要以探寻的方式启发"你怎么看"、"你是怎么想的"、"你觉得该如何处理"，给孩子思考的机会，给孩子表达自己意愿的机会，让孩子大胆地说，大胆地做。有关调查显示：一般胆大的孩子，把挫折都看得很轻，面对失败比胆小的孩子更有勇气坚持，毅力也强一些。妈妈通过这方面的训练，能够增强孩子的勇气，对孩子从失败中学习更有利。

4. 让孩子学习并且欣赏胜利者

有的时候，妈妈为了安慰孩子，会在不经意中贬低其他孩子或者流露出对结果的不屑、不满。这些细小的行为都会被孩子觉察到，从而影响他们遭遇挫折后的心态。因此，妈妈应该在引导孩子承认对方的胜利之后，和孩子一起分析为什么对方取得了胜利，最重要的是要让孩子自己说出胜利者获胜的原因，从而达到学习的目的。当孩子长大以后，他们会遇到各种竞争，在各种竞争中从容面对，并且欣赏对手，是他们人格完善、个人魅力的具体展现。

九、让孩子从沟通中学习

父母们有没有想过：对于孩子来说，什么是学习？到底应该如何学习？每个父母都希望自己的孩子获得成功，实现自己"远大"的梦想，这就需要妈妈们对孩子的"学习"重新想象。在孩子的一生中，"学校教育"成为他们学习的重头戏，但是妈妈们千万不能忽视其他更重要的学习方式，比如沟通。

沟通，是连接人与人心灵的桥梁，也是人与人之间最基本的相处方式之一。懂得沟通的孩子，做任何事情都可以如鱼得水，游刃有余。很难想象如果有一天，突然世界上的人彼此间都不再沟通，那会是什么样的场景。妈妈从小培养孩子与人沟通的意识，增强孩子与人沟通的能力，对孩子性格的塑造、人格的培养乃至将来的发展都有着非常重要的作用。

从信息传递的角度来看，人与人面对面的沟通是孩子获得信息最多的途径。比如，父母从小手把手教孩子学习说话、吃饭、走路，学校里老师面对面给孩子讲课，当孩子长大成人后，工作中与同事、客户面对面交流……这些都是从沟通中学习知识和做事技巧的例证。更重要的是，孩子学习如何做事，如何获得成功，都要善于从沟通中获得有价值的经验和教训。通过与"成功人士"沟通，可以学习他人身上成功的品质；与家长、老师交流，可以使孩子懂得更多的科学知识与人生经验。总之，沟通是孩子学习的重要通道，承载着重要使命。

沟通也决定着一个人人际关系的好坏，甚至影响着一生的得失成败。孩子是否善于与人沟通，是家庭教育中社会化过程成功与否的重要标志，也是孩子未来是否能够把握机遇、收获幸福的关键。请看下面的事例：

181

　　小伟和小豪是同一个专业、同一年毕业的大学生。小伟凭借着自己优秀的表现技能、活泼开朗的性格与较强的社会沟通能力，很快便谋到一个合资企业的理想职位，并干得称心如意。可是小豪平时则拙于言辞、性格内向，不善于与人交流沟通，结果大学毕业求职颇为不顺，最后只好给人做仓库保管员，终日闷闷不乐。

　　很显然，在具备了一定的专业知识和技能之后，友善地与人相处，广泛地与人交流，密切地与人合作，则是获得成功的重要前提。

　　有效沟通与孩子将来的事业、个人生活的成功有着十分密切的关系。在家庭中对沟通技能的学习、掌握和运用，与孩子未来社会适应能力也息息相关。懂得沟通，可以让孩子交到更多的朋友，获得更多的信任与尊重；学会沟通，能教会孩子理解他人、体恤他人，也会让孩子变得更加懂事；善于沟通，可以让孩子为自己创造一个温馨、和谐、友好的成长环境。培养孩子与人沟通的能力，就等于帮助孩子搭起了融入社会、融入时代，从而步入人生、步入成功的桥梁。

　　事实上，孩子性格的形成不仅与父母的遗传因素有关，更重要的还是后天环境的影响。而这环境中除了硬性的家居环境，其实还有极为重要的软性环境因素，比如人际关系、家庭成员关系等。这些关系的形成和发展都和沟通密切相关，所以沟通也是影响孩子性格形成的重要原因。

　　如果孩子不善于和他人进行沟通，不屑于和某些人进行沟通，那么将阻塞孩子获得价值情报的通道，这是一种画地为牢的短视行为。因此妈妈要培养孩子从沟通中学习的性格，让孩子善于从身边接触到的各种人和事中学习，使孩子早日获得成功。

第九章
好的成绩是教出来的

一、帮助孩子建立阅读习惯

爱书的孩子，其人格特征是温柔、善良、开朗、快乐、幽默、自信、有气质、有同情心，语汇丰富，人际关系良好。从小帮助孩子建立阅读习惯，培养孩子学会良好的读书方法，就能让他们在将来的考试和学业中轻松面对。

第一种方法：分析故事结构

故事结构跟房屋的结构有相似之处，它也有一些最基本的构件。在每个故事里，会有人物（故事里的人或拟人化的动物、植物、物品）、场景（故事发生的时间、地点）、问题（人物必须克服的困难）及结局（问题解决的结果）。了解故事结构有助于孩子理解整个故事内容。

您可先找一个简短的小故事或一则寓言，自己阅读一下文章，再找一张有横线的纸，按下面的形式列出以下几项。

题目：

主要人物：

场景：

矛盾（或问题）：

结局：

先让您的孩子读一小部分，找出人物。例如：玛丽是故事的人物吗？她是主要人物吗？对了，这个故事主要是关于玛丽和她的科学项目。让孩子把玛丽写在"人物"一栏。

然后，让孩子告诉您故事发生的时间、地点（今天、以前或将来，发生在一个小城镇或某个国家）。

当您的孩子读了大半个故事时，叫孩子停下来，问他："在这个故事里，主要人物面临的问题是什么？"让孩子把答案写在标有"问题"的地方。

孩子在读完故事后，问问他故事中的问题是怎样解决的，把结局写在纸上。

第二种方法：一分钟冲刺

轻松、快速的阅读是非常重要的，但是，像跑步一样，轻松快速的阅读需要大量的练习。要想成为一名熟练的读者，您的孩子必须进行快速阅读的训练。但也要记住，过量的练习有害无益。您自备一块有秒针的钟表，一本您孩子能读懂的书。您可对孩子说："我们来做一个'一分钟冲刺'的游戏，我想看看你在一分钟可以读多少字。"然后，在书中找个片断，以便让孩子开始游戏。再告诉他："当我说开始，你就开始读。一分钟后，我会叫停。"孩子准备后，就喊"准备——开始"。这时，您开始掐表。一分钟后，让孩子停下来。数一下您的孩子读过的字数。甚至您还可以做个表，比较一下孩子在第一周、第二周……一个月后的阅读速度。

第三种方法：字词积累

无论是校外学习还是校内学习，识字都是非常重要的。孩子认识的字越多，他们学习的兴趣就越浓。

让您的孩子在一张报纸、一本杂志或书上找出他以前没学过，不认识的字，例如，您的孩子可能不认识"卜"这个字。有时，您的孩子有可能会发现他认识的字有其他的意思，例如，"墨"这个字是指写字绘画的用品，但是，当"墨"字用在下面句子中，它的意思就变了：他胸无点墨。在这里，"墨"比喻学问或识字读书的能力。

您还可以让孩子在跟别人谈话时注意辨别出新的词语，或者在报纸上找出生字，记在笔记本上。把已认识的字的新意思也记到笔记本上。

第四种方法：拼接连环漫画

当您的孩子阅读事件性故事时，您一定要让他把主要事件串起来，找一本您和孩子都爱看的连环画，在看之前，把连环画剪开，然后打乱顺序，让您的孩子重新排列。排列完毕，让您的孩子讲一讲连环画说的是什么故事。

第五种方法：复述故事

孩子们喜欢读离奇的故事，也喜欢讨论这类故事。

您找一本离奇的故事书，让您的孩子自己挑一个故事来读。要让他默读，然后让他思考一下故事中的事情使自己想到了什么，比如说，家里发生的事，学校发生的事以及社会上的事。

过些时候，再让您的孩子复述故事内容，不过，不要忘了让他添加一些原来故事中没有的事情。告诉他您会仔细地听他讲，并能找出他添加的内容。

第六种方法：总结故事主题

阅读的一个重要步骤就是总结故事的寓意和主题，您可以找一本寓言集，挑一个简短的寓言故事，读给您的孩子听。记住，在得出故事寓意前停住，让您的孩子说出故事的寓意，然后，把故事中原来的寓意读给孩子听。读完之后，再跟您的孩子讨论一下，问问他从这个故事中学到了什么。

第七种方法：自编故事

编故事很有趣，如果您愿意跟孩子一起创作，写出一个你们自己编的故事，您的孩子肯定会非常高兴。

跟您的孩子一起想一个题目，然后把选好的题目写在纸上，接下来让您的孩子写第一句，您写第二句，交替进行，直到故事写完。

故事写完了，要请您的家人或亲朋好友听听你们的故事，请他们评论一下。

第八种方法：旅游日记

如果您想让您的孩子把自己的思想行为认真记录下来，您可以让他写旅游日记。您应计划一次带孩子外出的旅行，不一定要到郊外，可以参观博物馆、动物园，去看体育比赛，也可以带孩子到他想去的地方。让您的孩子随身带着日记本，把路上的所见所闻记录下来。

告诉您的孩子您也会写旅游日记。旅行结束后，把您的日记和您孩子的日记比较一下，看看有什么不同。

第九种方法：把书读厚了，再把书读薄了

平时学习，要多读多看多听多练，尽可能地拓宽知识领域，这样知识才能掌握得扎实稳妥。这种方法不但适用于文科学习，同样也适用于理科学习。其主要方法是结合学习内容阅读课外读物，查阅相关资料等。这时的读书，要把书读得越厚越好。但是，编筐编篓全在收口，当对学科进行总结时，就要学会归纳整理，抓重点，捞干的，把书读得越薄越好，现实的情况也容不得你劳神费力，面面俱到。所以，平时学习时学会把一本书读厚了，并在这厚中记下将来复习时的重点难点，临近考试复习时，才会把一本书读薄了，抓住那些关键环节关键部位。只有这样才不失为一个读书高手，才可拿到高分，拥有一份出类拔萃的学业。

此外，父母还可以从以下一些细节上帮助孩子去亲近书籍而享受阅读的乐趣：

经常念书给孩子听。如果你能坚持经常念书给孩子听的话，孩子的吸收力像海绵吸水一样相当可观。

听孩子叙述白天的活动。让孩子简要地把一天的活动叙述一遍，可以在培养亲子感情的同时训练他的记忆力和语言表达能力。

经常和孩子讨论在周围看到的人、事、物。多和孩子说话，多诱导孩子的兴趣，把我们认为是理所当然的事情告诉孩子，使孩子能多增加不少见识多懂得不少道理。

给孩子一些小差事让孩子独立去做。

每天念一则新闻给孩子听或讲漫画给他听。

选择好的电视节目和他一起欣赏，一同讨论内容。

经常表扬孩子的行为及表现，建立他的自信。

和孩子玩文字游戏或说话游戏，训练他的听力。

鼓励孩子养成良好健康的习惯，每天有充足的睡眠、规律的作息和均衡营养的饮食。

经常带孩子去图书馆或参观画廊、美术馆、博物馆、看戏、看电视，以开拓孩子的视野，提高孩子的观察力和欣赏力。

最重要的是父母的态度，若父母能以身作则，引领孩子进入广大的书中世界。久而久之他们也会自己坐下来开卷有益，在书的王国里流连忘返的，这对他们的一生都会有莫大的帮助。

二、找出孩子学习成绩不稳定的原因

有些孩子自制力不强，一旦家长和老师放松了对他们学习的监督，他们就管不住自己，上课不认真听讲，放学后因玩耍忘记做作业等便成了家常便饭……

应该说聪聪是个聪明的孩子，他的理解能力和记忆力都很强，做事情也挺机灵的。可不知为什么，在学习上他可没少让父母操心。这不，开家长会时老师又反映他的成绩下降了。上一次考试他的成绩不错啊，怎么又下降了？从一年级到四年级，聪聪都是这样，成绩总是忽上忽下的，开过家长会，爸爸妈妈抓得紧一点，他的成绩马上就赶上去了，可还没等父母高兴多久，他的成绩又开始一落千丈，真让老师和父母伤透了脑筋。

孩子偶尔成绩上下波动是正常的，但老是忽上忽下地摆动，肯定是有原因的，只有找到真正的原因才能采取有效的补救措施。心理学家分析了大量的这类孩子，发现造成这种现象的原因主要有以下这几方面。

有些孩子自制力不是很强，一旦家长和老师放松了对他们学习的监督，他们就管不住自己，上课不认真听讲、放学后因玩耍忘记做作业等成了家常便饭。有的家长因为平时工作忙，顾不上管孩子的学习，有的甚至一个星期才能见到孩子一面；一旦他们发现孩子的成绩大幅度下降后，才紧张起来，他们有的可能狠狠地批评孩子，有的可能抽出点时间来监督孩子的学习。有的孩子为了能有更多的时间和父母在一起，他们发现只要自己学习下降，就会得到这种额外的"奖赏"，于是，就出现了成绩忽上忽下的现象。

有的孩子成绩不稳定是由于没有正确的学习态度，认为学习是家长和老师强迫给自己的任务，在家长的逼迫下不得不努力学一段时间，只要考试成绩一上去，家长稍微放松一下，他们马上就把学习的事情放到了一边。

更多的孩子是因为情绪不稳定影响了学习成绩。有的孩子生活在家庭成员关系紧张的家庭中，有的还面临家庭破裂、经济困难等问题，孩子幼小的心灵随着家庭气氛的变化而战战兢兢，当家庭成员和睦相处时，孩子感到特别愉快，情绪稳定，能把心思都放在学习上，而当家庭出现危机时，孩子整天胆战心惊，生怕自己一不小心就失去了某位亲人，这样的心情必然会带到课堂中，上课不能集中精力听讲，放学后也没有心思做作业，成绩当然就会下降。有的孩子由于没有掌握好考试技巧，可能平时成绩还可以，一旦有比较重要的考试就感到害怕、紧张，结果考试成绩不理想。

当你的孩子老是出现成绩忽上忽下的情况时，家长一定不要掉以轻心，因为孩子正处在打基础的阶段，成绩不稳定会影响到他们今后的学习。家长应和老师、孩子一起找出真正的原因，及时采取补救措施。家长要多关心孩子，不要等孩子出现成绩大幅度下降后才想到批评教育孩子，孩子的学习是一天一天地进行的，家长对孩子的关心也应是每时每刻的。不仅要关心孩子的生活、学习成绩，更要关心孩子的个性品质、情绪感受等。不管有多忙，家长每天都应抽哪怕十分钟的时间给孩子，主动询问一下孩子的思想活动，看看孩子想些什么，需要什么，情绪上有何变化，孩子的性格有什么特点等。这样，你就能及时发现孩子的变化，采取有效的措施。多与孩子沟通是孩子情绪稳定的重要途径，所以，家长要主动了解孩子在学习上有无困难，需不需要父母的辅导。孩子在学校遇到什么烦恼的事情，家长能不能指导孩子解决问题等，以便和老师配合，加强教育。良好的家庭氛围有利于孩子学习稳定发展，家长应努力营造一个安定和谐的家庭环境。家长还可以教给孩子一些学习的方法，如怎么准备考试以及考试技巧等。孩子在每次考试后，应给他们提出下一次争取的目标，要求他们每次考试能有所进步，孩子有了一点进步时，家长要给予鼓励，成绩下降时，家长也不要着急，一味地责骂反而会使孩子产生反感和自卑。

三、家长怎样帮助孩子学习

孩子能否在学校取得好的学习成绩，主要由孩子的学习兴趣和学习能力决定。孩子是学习的主体，父母只是一个外部因素，但这个外部因素对孩子的学习却非常重要。父母有责任也有能力帮助孩子，培养学习兴趣和提高学习能力。那么，家长该怎么做呢?

1. 要保证孩子遵守学校的学习纪律。

2. 要密切家庭与学校的联系，树立学校及老师的权威。

3. 要帮助孩子制订学习计划。

4. 告诉孩子做作业时先做最难的一门课。

5. 给孩子讲清解题的方法，而不是代替他做作业。

6. 不要让孩子把难题作为借口而停止写作业，可以让他活动片刻，再来"攻关"。

7. 帮助孩子学会阅读的方法，注意标题、前言和编后等，然后一一理解。

8. 提高孩子分析和归纳的能力，帮助他掌握学习技能。

9. 鼓励孩子晚上整理和复习当天的笔记，过几天复习一遍，考前温习一遍。

10. 在猜谜语或做游戏时，教孩子如何动脑筋，比如，如何找出规律，如何划分类别等。

11. 遇事而教，比如上街买菜，问孩子应付多少钱，乘公共汽车应该注意什么。

12. 帮助孩子制订一个阶段性的目标，这目标富有挑战性，但并非高不可攀。鼓励孩子树立自信心。

13. 孩子有进步应予以肯定和表扬，同时告诫他不要骄傲，孩子学习退步了，家长不要骂他"笨蛋"，应善于诱导和鼓励，不要过分地注重他某些小的失误。

14. 孩子刚进门，不要马上询问学习情况，否则孩子可能会视之为一种干预，家长先讲讲白天自己的一些情况，再引导孩子讲讲他的事情。

15. 在家庭中应大力营造两代人共同学习、互相学习的好气氛。

16. 订阅一定量的报刊，拥有一定数量的藏书。

17. 重视兴趣、气质、意志等非智力因素对孩子学习的影响，重视培养孩子的学习兴趣和刻苦学习的顽强意志。

18. 因材施教，培养特长。

19. 引导孩子通过阅读、参观、实践等活动，扩大他们的知识面。

20. 满足孩子的好奇心，有问必答，并注意给予启发和诱导。

21. 对孩子充满期望，不因孩子考分一时低下而灰心泄气，也不为考分高而得意自满。

家长在督促孩子学习的同时，要让他们做一些力所能及的家务。不要担心这样会影响孩子的学习，恰恰相反，这有利于增强孩子的自信心，有利于促进孩子的身心发展及学习进步。还有，一个勤奋上进的家庭氛围对孩子的学习也是非常重要的。一个疏懒成性的家长去要求孩子勤奋学习，是缺乏说服力的，只有在一个好学上进的家庭，才能培养出积极进取的下一代。

四、让孩子学会考试

据统计，一个人从小学到大学毕业，至少要经历大大小小 600~800 次考试。面对考试，大部分学生都会感到一种沉重的压力。

考试是评价学生和教师教学效果的一种方法，它不仅可以评价学生的学习程度和水平，还可以促进学生的学习活动，是"教"与"学"的重要环节。但不正确认识和对待考试，不但不能促进学生的学习活动，反而会影响孩子的学习和身心健康。《儒林外史》中的范进"中举"之后变得疯疯癫癫就是一例。所以，掌握有效的考试方法，对孩子的学习相当重要。

1. 帮助孩子做好考前准备

做好考前准备，概括起来讲就是要"复习好、休息好"。所谓"复习好"，就是复习好所学的内容，这既是考好试的基础和前提，同时也是减轻精神压力、预防怯场的最好方法。所谓的"休息好"是指考生在考试前要保持身体健康，以便有旺盛的精力、清醒的头脑去争取最理想的成绩。家长应帮助孩子调理好营养，保证足够的休息时间，让孩子按时作息，这样有利于孩子在考试中正常发挥他的能力，争取理想的成绩。

2. 帮助孩子消除考试焦虑

面对每一次大大小小的考试，许多孩子都会或多或少地产生情绪紧张、失眠、头晕等现象，这就是考试焦虑，它不仅影响学生在考试中的正常发挥，严重时还会影响孩子的身体健康。预防和消除孩子考试焦虑应从以下两点入手：

（1）让"平常心"为你的孩子赢得轻松

父母"望子成龙"、"望女成凤"，一有重大的考试，就会精神紧张，对孩子的一举一动就会表现出"无比的关心"，就盼着他拿名次、考高分，以便将来进重点中学、名牌大学，孩子的学业成绩甚至成为全家人的焦点，孩子的成绩单成为全家人喜怒哀乐的晴雨表。家长对孩子的考试抱有如此高的期望是可以理解的，但这种举动不仅对孩子的考试一点帮助没有，反而会适得其反，加重孩子的心理负担，影响孩子在考试中的正常发挥。我国当代著名作家贾平凹曾提出过一个观点，叫作"平常心"，所指虽然是在以平常的心态做人和做文，但对孩子的学习和考试也同样适用。父母以平常心来对待孩子的考试，适当地调整自己的言行。比如，多抽一些时间和孩子交流孩子的交友、课余生活和兴趣爱好方面的看法，给孩子营造一种比较宽松的学习环境，而不是对于看重和关注孩子的考试成绩。

每一次重要的考试，家长都要跟平时一样对待，让孩子在宽松的环境中安心地复习，考试时轻装上阵，只有这样孩子才能发挥好自己的水平。

（2）让自信心战胜紧张和焦虑

要防止和消除孩子考试之前的焦虑和紧张，可以对孩子说"这次考试你已经做了充分的准备，你一定会考好的"，或者"你不必太紧张，别人可能比你还紧张呢"等等。体育界有一种防止怯场的方法完全可以套用在孩子考试上，其方法是：回忆最成功的一次考试的景象和心境，以最佳心理状态去应考。回忆考试取得好成绩，受到老师、家长表扬时的愉快心境，使自己乐于参加当前的考试。把这次复习的主要内容在脑子里过一遍"电影"，使自己有把握，充满信心。

3. 帮助孩子掌握考试策略

整体上把握"先易后难"，处理好"稳、准、快"的关系。"先易后难"是指先做前边分数少的、基础性的、比较容易的题。所谓"稳、准、快"中的"稳"

是指审题要稳妥，不要马虎，防止审错题目，"准"是指答题要准，要抓住重点进行答题，做到简单的题不丢分、难题少丢分，"快"是指书写要快，为答题和检查赢得尽可能多的时间。

根据题型灵活答题。考试题的类型一般可以分为客观题和主观题，答客观题时考生要认真审题，领会题意，提高正确率和速度。如果题目中没有说明选错答案要扣分，就不要空题，实在不会的，也要凭直觉选上一个自己认为比较满意的答案。对于主观题，考生一定要认真、反复地阅读考题，仔细斟酌题目中的每一个关键词，以免遗漏或错误地理解题目所要求的答题内容。答题前，考生还要理清思路，抓住重点，宁多勿少，一定要在考试结束之前把自己认为比较接近的答案写在答题纸上。如果时间实在不允许，也要把要点或关键的步骤写上。

做好考后分析。考试结束后，家长一方面要帮助孩子认真地进行总结，明确今后的努力方向，另一方面还要帮助孩子分析考好或没考好的原因，并跟孩子一起讨论改进方法，以提高孩子的应试能力和学习能力。

4. 当孩子考试失败时要找到自己的角色和位置

每逢期末考试，总会有些孩子成绩不好，甚至有些平时学习较好的孩子，考试也会出现失误。尽管许多家长都明白"失败是成功之母"的道理，但此时他们往往失去理智，火冒三丈，轻者训斥、责骂，重者殴打、体罚，殊不知，孩子在失败时最需要的是家长的抚慰和帮助，它比训斥、体罚、殴打更有利于孩子接受教训，走向成功。请看如下事例：

读高二的大鹏，第一学期期末考试的化学成绩只有64分，物理竟然不及格！回到家里，他心灰意冷地对爸爸哭道："我的理化没学好，根本没有赶上去的可能，我不考理科了。"当时爸爸十分恼火，于是，狠狠地训了他一顿："装什么可怜相，早不用功，现在还有脸哭！"但做父亲的转念一想，此时孩子已没有了自信心，如果再恶语相加，岂不是伤口撒盐、雪上加霜，从而导致他灰心、失望的结局。于是，爸爸强压怒火转而激励他说："遇到失败就灰心，算什么男子汉！

自信心是成功的第一秘诀，你的自信心哪里去了？我就不信，就凭你的智力，只要下功夫，还有赶不上去的道理……"随后，爸爸又与老师取得联系，了解他的情况，帮助他分析了没考好的原因及可以赶上去的有利条件。他又很快振作起来，制订了新的学习计划。经过半个学期的努力，他的成绩便赶了上去。

没想到，高三第一学期期末考试，考完数学回来，他又摔书本大发脾气："数学考砸了，连及格也难得，还考什么大学！剩下的几门我统统不考了！"看着他发怒的样子，爸爸又气又急。气的是他自己考不好还发脾气；急的是面临高考孩子的心理素质还这么差。但爸爸知道孩子此时情绪不好，不能火上浇油。于是不动声色，平静地说："也许数学题出得太难太偏，说不定别人还不如你呢。考试不过是为了检查自己的学习情况，即使这门功课考得不好又有什么关系，总结教训再努力，还不迟。"儿子很快恢复了平静，继续认真应考。结果，在数学成绩不及格的情况下，总成绩居然为全班第一名，并得到了学校颁发的最高奖学金。这一来，儿子信心大增，有了信心就有了成功的希望。后来，在他的努力下，最终以全校理科第一名的成绩考入重点大学。

下则小故事中，亮亮妈就不如大鹏爸爸的处理方法好了。

"亮亮，你真是太让妈妈失望了。期末考试数学、语文两科的总成绩在班上排到第46名，比上学期还靠后了两名。我真不明白你的成绩怎么会这么差！你看人家明明，每次考试成绩都排到班里前6名。你的学习环境哪一点比人家差？你就是太懒、太不用心。你让妈妈感到羞愧！"亮亮妈当着王老师的面训斥亮亮。亮亮默默地流泪，房间里的空气显得格外沉闷。

王老师从亮亮妈手中接过亮亮的语文试卷，看到成绩是67分。她仔细检查了一下卷面，发现孩子在基础知识部分丢分不多；丢分主要在作文上，满分20分的作文，亮亮只得了2分。她看了作文题目是《仙人掌》，便问亮亮："你怎么才写了十几个字呢？"亮亮噘起小嘴儿说："我从来没见过仙人掌。"

后来，王老师单独跟亮亮妈交换了意见。她说："孩子考试成绩不理想，做家长的不能用训斥、打骂的简单办法对待孩子，只有和孩子一起认真分析考试成绩差的原因，才能对症下药。就亮亮的语文成绩来看，虽然他考的总分比期中考试低了，但基础知识部分有很大的进步，应该肯定。作文部分分数低，则由于孩子没见过仙人掌，写不出情有可原。"亮亮妈听了王老师的分析，不断地点头。

家长用训斥、打骂等惩罚的手段对待考试成绩差的孩子，会加重孩子的心理负担，特别是当着同学的面批评孩子，会伤害孩子的自尊心，因为每个孩子都有自己的个性，以别的孩子做"参照物"，批评自己的孩子，最容易引起孩子的反感。这是一种不明智的教育方式，孩子考得不好，也是孩子遭到挫折的时候，最需要的是父母的鼓励和安慰，要让孩子体会到家长相信他，使他增强自信心。

5. 教孩子学会登个门槛

一个人一旦接受了他人的微不足道的要求，为了避免认知上的不协调，或想给人以前后一致的印象，就有可能接受更大的要求。运用这个方法使人接受要求，便叫"登门槛技术"。

这个效应来自美国心理学家做的"无压力的屈从，登门坎技术"的实验。实验人员到居民区劝人们在房门前竖一块写有"小心驾驶"的大标语牌。在第一个居民区直接向居民提出要求，结果遭到数人的拒绝，接受者为17％，在第二个居民区，先请居民在一份赞成安全行驶的志愿书上签名，这个容易做到的要求，几乎所有人都做到了，几个星期后，再向他们提出竖牌的要求，结果接受者竟达55％。是第一个居民区的3倍还多。

研究人员认为人们拒绝难以做到或违反意愿的请求是很自然的，但是当他对于某种小请求找不到拒绝的理由，就会增加同意这种要求的倾向，而当他卷入这项活动的一部分以后，便会产生认同感。这时如他拒绝后来的更大要求，就会出现认知上的不协调，于是恢复协调的内部压力就会支使他继续干下去，并使他态度持久。

家长在运用"门槛效应"时，要注意提出要求的"度"，还要根据具体情况而定，尽可能发挥最佳的"门槛效应"。

第十章
培养孩子的学习兴趣

一、孩子的学习兴趣是需要培养的

孩子的学习兴趣是需要培养的，这是一件毋庸置疑的事情，在培养孩子学习兴趣的过程中，父母的态度和外界的环境都起着非常大的作用。所以，父母在培养孩子兴趣的时候，一定要综合考虑，用对方法。

兴趣是人的认识活动所需要的情绪表现，它主要表现在人们认识事物过程中的良好情趣上。一个人对某一事物有兴趣，表明他愿意更深入、更多地认识这个事物，学龄初期的孩子兴趣活动的特征是：孩子的兴趣已经在幼儿期就发生与发展，但是这时的兴趣多限于自己愿意做的事情上，而且这个时候的兴趣缺乏动机，并容易转移。当孩子入学后，在学习活动中，并不是所有的课程都会使他感兴趣。因此，想要使孩子对全部的学习内容都感兴趣，并轻松自如进行学习，就需要调动孩子的意志活动参与，使其运用意志活动努力迫使自己去学习不感兴趣的课程。

那么，怎么样才能让孩子对学习产生兴趣呢？

1. 精心呵护孩子的好奇心

好奇心是孩子学习兴趣的源泉。好奇、好问、好动，渴望通过自己的探索来了解世界，这些都是孩子的天性。那么，父母该如何呵护孩子的好奇心呢？

当孩子把奶瓶反转，并且试着从奶瓶的底部来吸奶的时候，当孩子将停下了的玩具火车又推又拉又打，想使它再次跑动起来的时候；当孩子在公园里专心地看着被风吹得摇摇摆摆的花草的时候，这些都是他们在好奇心的驱使下探索这个陌生世界的表现。对于孩子来说，所有的一切都是新鲜的、值得探索的。这个时候，大人不要忽视和否定孩子的学习和探索行为，而是应该精心地呵护孩子的好奇心，努力用孩子的眼光去观察这个世界，跟孩子一起去惊异、去提问、去讨论、去共同得出结论。

当孩子带着问题去问父母的时候，父母不应该简单地将结论告诉孩子。例如，当孩子问"鸟儿晚上睡在哪里"时，父母不必直接回答，父母可以与孩子一起探讨鸟儿在晚上可能的去处，当孩子问"黄色和蓝色颜料混合后会变成什么颜色"时，父母也不要简单地告知"会变成绿色"，父母可以说："是啊，那究竟会变成什么颜色呢？"以此来引导孩子去试验，去思考，让孩子自己去得出结论。同时父母还可以通过一些开放式的问题，激发孩子对事物的好奇心与探索的欲望。

能否给孩子自由思考的空间和时间，这是呵护孩子好奇心的关键，父母如果经常给孩子下达一些强制性的智力作业，那么孩子会感到总是在一种有压力的环境之中，他们便会将思考问题看作是一种额外的负担，久而久之，他们的好奇心和学习的兴趣就会消失殆尽。因此，对于强制性的智力作业，要少些，再少些。

2. 为孩子创造一个愉悦的学习环境

例如，孩子一般都爱听故事，不管是老师或父母讲故事，还是广播电台或电视台播放故事，孩子们总是能够专心致志地听，特别是绘声绘色地讲故事最能吸引他们。当父母讲小人书中的故事时，就会发现孩子常常是一边听一边很想认识书上的字，这种主动要求学习的精神是非常可贵的。父母可以利用这一时机因势利导，适当教孩子认认字，不要求孩子写，更不要求孩子记这些字，只要他们能认识，能把一个小故事读下来就行。孩子听得多了，读得多了，就自然而然地掌握了这些字。父母会发现有一天，孩子已经能很连贯地把书上的故事朗朗上口地读出来了。当孩子在阅读课外书刊时，父母可以利用读物内容，作为与孩子对话的内容。这样，孩子在一个宽松愉悦的学习环境中，可以不时地受到启迪，并逐步养成主动学习、主动探索知识的兴趣与习惯。

3. 带孩子到大自然、社会中去开阔眼界，提高学习兴趣

父母可以经常有意识地引导孩子到大自然中观察日月星辰、山川河流。比如春天到了，父母可以带孩子去观察小树以及其他植物的生长情况，夏天来了，父母可以带孩子去游泳、爬山，秋天的时候，父母可以带孩子去观察树叶的变化，到了冬天，父母又可引导孩子去观察人们衣着的变化，看雪花纷飞的景象。这样一来，孩子通过参加各种活动开阔了眼界，丰富了感性认识，提高了学习兴趣。父母最好能够指导孩子参加一些实践，比如，让孩子自己收集各种种子、搞发芽的试验、栽种盆花，也可饲养一些小动物。随着孩子年龄的增长，可以启发他们把看到的、听到的画出来，并鼓励他们阅读有关图书，学会提出问题，学会到书中找答案，这样，孩子的兴趣广泛了，知识面扩大了，学习能力也在不知不觉中提高了。

4. 发展孩子多方面的兴趣

一些孩子由于受到家庭和周围环境的影响，在三岁左右就开始对画画或乐器产生兴趣。特别是当孩子进了幼儿园以后，在老师的诱导下，他们的兴趣爱好出现了第一次飞跃。最先使孩子产生兴趣的一般是画画、唱歌和表演，当然这些都是模仿性的。对钢琴、电子琴、手风琴的兴趣都可以在幼儿期唤起，这时父母不要去要求孩子能够达到什么水平，而是要以唤起他们对各种乐器的兴趣为主。下棋更是如此，很小的孩子就喜欢跟大人下棋，当然更喜欢和小朋友们一起下游戏棋。父母只要做有心人，为孩子们提供一些条件，准备一些简单的器具，多给孩子讲讲自己的见闻，多与孩子一起玩，孩子多种学习兴趣就会逐渐培养起来。

二、让兴趣点燃孩子学习的热情

一个人一旦对一种东西产生了兴趣就会对这件事情产生热情，而伟大的热情可以成就一切。所以，如果孩子对学习产生了热情，那么他就会对学习坚持不懈，而且会努力向着自己的目标前进。

兴趣对一个人是相当重要的，它关系到一个人一生的志向和事业的成功。兴趣是一种潜在的强大动力。当一个人对某个方面产生兴趣后，它就可以给这个人带来不可思议的力量和勇气。

天才源于兴趣。一个生机勃勃和富有创造精神的人，总是睁大了敏锐的眼睛，带着求知的饥渴，观察周围的一切事物，从中汲取知识的养料。

当一个人对某一事物产生强烈兴趣的时候，他的大脑皮层实际上正处于一种兴奋状态，这个时候，他的注意力会高度集中，思维会异常活跃，想象也会十分丰富，这就是学习热情最旺盛的时候，也是学习效率最高的时候。一个人的潜能在这种状况下可以得到最大限度的发挥，从而获得极大的快乐。随着满足、愉悦感的产生，他便会获得一种积极的情绪体验，这种情绪体验成为一种内在动力，进一步激发他的学习热情，学习的良性循环就是这样产生的。了解了这一点，我们也就明白了感兴趣的课程常常会学得最快、成绩最好的原因。

可以说，古今中外那些有所创造的人，他们的成功列车最初都是由兴趣的力量来启动的。尽管当时看不出有什么意义，但正是有了这种推动，经过执着不懈的探求努力，他们最终创造了奇迹。

然而，兴趣并不是先天具有的。一个人的兴趣是由他的生活环境和教育环境决定的，是后天的，也就是说兴趣是可以培养的。孩子的兴趣爱好是在学习和生活实践中培养起来的，没有先天就对学习感兴趣的。因此，父母要重视早期培养孩子有益的兴趣，这是父母都应该要做到的。

在孩子很小的时候，父母就要注意从孩子的游戏中开发兴趣。游戏是孩子生活的本质，是他们培养自己能力、形成个性人格的自发动力。这种自发动力的基础是"兴趣"，没有兴趣的活动不是游戏。只要父母有心引导，任何事情都可以引起孩子的兴趣。

由于孩子年龄小，对有兴趣的事情，一开始往往只凭一时的好奇和热情。因此，作为父母，仅仅唤起孩子的兴趣是远远不够的，应当对孩子的兴趣进行恰到好处的引导，引导他们从兴趣中探索和思考，从兴趣中获得科学知识，在兴趣中立志，努力钻研，使孩子保持兴趣的长久性。切忌对孩子的兴趣不闻不问，无动于衷，这样容易使孩子的兴趣来得也快，消失得也快。

三、告诉孩子："好好玩吧！"

玩耍是孩子的天性。要让孩子产生"学习就像是在玩耍"这种念头之后再开始学习，在孩子想学到更多的东西时再开始学习。只有这样，孩子才能保持学习的兴趣，从而取得良好的学习效果。

绝大多数父母一向认为，学习是一件辛苦的事情，孩子是不会喜欢的。只有在他们的监督之下孩子才会用功，所以，家长们都有一句习惯用语，那就是"赶紧用功学习"其实这句话最容易引起孩子的反感，也是他们最不愿意听到的，甚至这句话会产生事与愿违的效果。

试想一下，如果孩子已经很用功了，那么说这句话无疑是多此一举。但是，如果孩子本来就不用功，这句话就只能让他们觉得更不愉快。而且，即使是用功的孩子在父母反复唠叨下也会觉得厌烦，说不定会产生逆反心理。

从下面的例子就能看出大人的训斥对孩子起不到任何的作用：

张超和邻居王磊都是标准的垒球迷，他们俩经常约在一起看球赛。

有一次，张超约王磊到他家一起观看联赛开赛后的第一场球。王磊到他家时正好看见他往桌子上摆酒菜，他的儿子在一边垂涎欲滴，但是张超说："别在这捣蛋，赶紧回去做作业。"他儿子在一边磨磨蹭蹭地不想走，于是张超提高了声音："你没听见我的话吗？"孩子无可奈何地走回房间。

赛事的确很吸引人，儿子不时地从房间内探头探脑地往外看。于是，张超总是不时地大声呵斥在房间内探头探脑的儿子：

"赶紧回去用功！"

"老实点，小心我揍你！"

"不准跑出来，等球赛一结束，我马上要检查你的作业。"

"你小心点，看一会儿我怎么跟你算账！"

当看到精彩的镜头时，张超和王磊都不禁屏住了呼吸。突然，发出一声巨响"哐啷"，把他们吓了一跳，回头才发现，原来孩子在门口张望时不小心碰倒了花瓶。

张超顿时暴跳如雷，开始责骂孩子："你这个不省心的家伙，叫你用功学习偏不听！作业做完了吗？"

"做、做完了……没、没有，还有一点。"孩子吓得说话都不利索了。

张超一把将他拎起来扔到书桌前："赶紧把你的作业做完，整天就知道玩，再这样小心我收拾你！"

孩子低垂着头嘟嘟囔囔地低声说："就你能玩，我怎么就不能玩？"

这句话引起了张超的思考，他感觉孩子的话并非没有道理。

有些父母平时不注意自己的言行，整天串门、聊天、看电视，只知道玩乐，却不停地要求孩子用功。要知道，父母的行为对孩子有着巨大的影响。

虽然，孩子有时慑于父母的权威，会规规矩矩地坐在桌子前，其实他们多半只是装装样子罢了，心思早已跑到了九霄云外，绝不可能真正地学习，这种表面上看来很成功的做法，起到的只是完全相反的效果。

也许家长们最初只是想用"赶紧用功学习"这句话稍微提醒一下孩子而已。但是，反复的唠叨只会让孩子产生无形的压力和反抗心理。最后的结果是陷入一种恶性循环——提醒注意的话语变成了命令，接着变成严厉的训斥，以至于越来越严厉。于是，"赶紧用功学习"这句话最终造就的是不用功的孩子。

有位老师在某个学校，发现了一个极其出色的孩子，虽然他只有6岁左右，但演奏维瓦尔第的小提琴协奏曲《四季》时，音色优美、雄浑有力，看得出来，这个孩子必定练习了很久。

老师问孩子的母亲："这孩子练了多长时间呢？"

"有两年半了。"母亲回答说。

"演奏得真不错，每天练习多长时间呢？"

"4个小时吧。"

"这么长的练习时间，孩子能够长期坚持吗？"

"没问题，他喜欢得很呢。我平时也喜欢拉小提琴，每天练琴前就叫上儿子'快来和妈妈一块玩'，不管他拉多久我都会陪着，所以他从不觉得有半点勉强。现在都变成他会叫我陪他一起玩了。"母亲高兴地说。

老师觉得这个办法真不错，后来他在教学中也运用了这种方法。如果音乐教室的孩子对小提琴产生了想玩玩的兴趣，那么他就会按照以下的顺序进行授课。

首先，老师会发问："你是不是想拉小提琴了？"

"是啊！"

"那么，你可以做到认真练习吗？"

"当然能，现在就请老师开始教我吧！"

当孩子学会一点演奏以后，老师就安排高年级的孩子和他一起演奏，这样可以激发低年级的孩子要求更多的进步。

　　孩子们在开始合奏练习时总会兴奋不已。老师会说："来吧，和大家好好地一起玩。"

　　这句话会让孩子把所有的心思投入到练习中。

　　所以，家长们不妨试一下，将"赶紧用功学习"替换成"好好玩吧"，让孩子在玩耍中产生学习的兴趣，一定能取得出乎意料的效果。

四、怎样使孩子把注意力集中起来

　　很多孩子的成绩不好是因为他不能专心学习，不能把注意力集中起来，这可能和孩子所处的环境有关系，也可能和父母的教育有关系。所以，父母想要让孩子有一个很好的成绩，就必须想方设法让孩子能够把注意力集中起来。

　　孩子可能会对很多事情都有兴趣，但是却通常很难专注于某件事情，也就是说，他没有全身心地投入。这可能是因为父母的浮躁心理、喜欢攀比的心理引起的，有的父母见别人的孩子学什么，也要让自己的孩子去学，恨不能让孩子把所有的技能和特长都可以掌握。父母的这种行为，就造成了孩子看起来什么都会，却没有过硬的一技之长，造成了孩子在学习上不专注。

　　浏览一下那些有作为的名人们，他们差不多都是特别专注的人。

　　法国大作家巴尔扎克就是这么一个人。有一次，他在写作时有朋友来访，他很长时间都没有发现。中午仆人送来饭菜，客人以为是给自己送的，就把饭菜吃了，后来客人发现巴尔扎克还是那么忙就走了。天黑了，巴尔扎克觉得该吃午饭了，就来端碗端盘。看到饭菜已被吃光，他责备自己："真是个饭桶，吃完还要吃！"

法国昆虫学家法布尔为了解蚂蚁的生活习惯，曾连续几小时趴在潮湿、肮脏的地面上。用放大镜观察蚂蚁搬运死苍蝇的活动。他的这种行为引来了周围许多人的围观议论，但他毫不理会。

我国数学家陈景润一边走路，一边想他的数学问题，不知不觉中和什么东西撞上了，他连声说"对不起"，却没听到对方有所反应，抬头一看，原来是一棵大树。

这些都说明了他们有着超高的专注力，可以说，专注力就是他们成功的基础。所以说，培养孩子的专注力，让孩子能够专心学习是非常重要的。父母在孩子小的时候就应该把孩子的这项能力激发出来，因为，只有聚其精，会其神，孩子才有可能取得成功，如果想要让孩子的学习成绩有所提高，第一步就是要培养和训练孩子的注意力，让他们养成专心致志的习惯。要知道，如果孩了的专注力不能够很持久的话，是会影响到孩子的学习的。父母需要一些方法来训练一下孩子的注意力。

1. 给孩子一个宁静、整洁的学习空间

每个孩子都希望有一个属于自己的空间，在那里，他可以做自己想做的事。所以，父母要给孩子准备一个属于他们自己的天地，让他们在里面画图、阅读、听音乐，在孩子的书桌上除了文具和书籍之外，不要摆放其他物品，以免他分散注意力。女孩的书桌上也不要放镜子，更不能允许孩子一边看电视一边做作业。

2. 让孩子独立完成作业

有的父母会因为孩子的注意力不够集中而在旁边"站岗"，这样一来，孩子一遇到不会的问题就会问父母，久而久之就会产生一种依赖的心理。所以，父母应该让孩子独立做作业，不要在旁边打扰孩子。

3. 多给孩子一些休闲的时间

在放假的时候，父母可以安排一些适合全家休闲的方式，让孩子放松一下心情，这样还可以增进和孩子共处的时光。旅游不一定只去那些风景游乐区，可以在社区活动一下，比如散步、打球、拜访邻居、认识一下周围的环境，甚至还可以逛一下商店、超市或是图书馆。

4. 给孩子一个明确的完成作业的期限

父母可以这样对孩子说："你可以不用心，但你必须在八点钟之前完成作业，否则，周末就不能做什么。"等等。这样可以培养孩子的时间紧迫感，慢慢地让孩子形成学习规律。有了明确的任务，孩子学习时就有了动力，才能保持紧张状态。当然，要求孩子学习时，时间不能太长，也不能要求孩子长时间做同一件事。这些都是导致孩子注意力不能集中的因素。

5. 父母陪孩子学习不可提倡

事实上，正如一位权威人士所说："有的孩子学习拖拉是因为没有养成良好的学习习惯，更多的则是由于父母过分关注他们做作业，甚至包办代笔。"大多数教育专家都不赞成父母陪孩子读书，因为父母总会情不自禁地敦促孩子不要这样做，而要那样做。这些时断时续的语言刺激，更易于分散孩子的注意力。同时，也会让孩子对父母产生强烈的依赖性。

6. 合理安排学习内容的顺序

父母可以建议孩子先做一些比较容易的作业，在孩子注意力集中的时间再做比较复杂的作业。除此之外，还可以把口头作业和书写作业相互交替。

7. 给孩子适当的奖励

当孩子按时完成了作业，父母不但要从言语上加以表扬，还可以辅助一些别的奖励。同时，还可以为孩子设定一个假想的竞争对手，提醒他或她"谁每天晚上只需花一个小时就能完成作业，还有时间看动画片"什么的。

8. 为孩子营造一种良好的学习环境

许多孩子注意力不集中，主要与家庭环境有关。有的父母白天上班很累，晚上就喜欢看电视，而且声音很大。还有的父母喜欢把邻居、同事约在家里打麻将，这必然会影响孩子的注意力。当孩子学习时，父母一定要保持安静，不要让孩子注意到父母在做什么，如果父母一直保持着良好的读书、学习的习惯，孩子就能耳濡目染。此外，要注意排除干扰孩子学习的因素。许多孩子习惯边听音乐边写作业，这是一种不好的习惯，是分散注意力的诱因。

9. 孩子学习的速度和难度要适中

在每一个年龄段，孩子接受的新知识都有一定的量。如果要求孩子的学习速度太快时，孩子肯定会囫囵吞枣。如果速度太慢，孩子的思维就容易懈怠，从而造成开小差、走神。与此同时，如果孩子学习的内容太难，孩子无法真正理解透，学起来就没什么兴趣可言，开小差在所难免。相反，如果孩子学习的内容太简单，孩子就会感到索然无味，也会造成注意力不集中。

10. 适时解除孩子内心的忧虑

当孩子心理压力比较重的时候，孩子的注意力就无法集中，许多孩子害怕考试，尤其是害怕一些被家长们告诫为"将决定一生命运"的考试。为此，孩子们经常心猿意马，甚至胡思乱想。背负着沉重的心理负担，孩子们自然就无法专心学习。因此，但凡优秀的家长，都是孩子称职的心理安慰师。

孩子不能专心，常常是因为心静不下来，如果父母能够经常带领孩子静坐、冥想、远望，对于孩子的静心专注会有很大的帮助。

五、和孩子一起学习，一起游戏

孩子总喜欢黏着父母，看到父母在做什么他就想做什么，此时父母是孩子最好的榜样。在这个时候，父母最好可以和孩子一起学习，一起做游戏，这样一来，不仅可以让孩子在学习上得到进步，还可以加深和孩子之间的感情。

有些父母自己躺在床上看电视，却不准孩子看电视，一味地叫孩子"好好读书"。自己总是看一些报章杂志，却叫孩子只能看参考书、儿童文学，并要孩子将来上一流大学，这实在是说不过去。要想让孩子用功，父母本身也应该用功才对。当然并不是说非要父母求取"学问"，或阅读一些高难度的书本，只是希望父母也能自我进步、自我要求，而不只是看些周刊、电视连续剧之类的东西。

在孩子小的时候，如果缺少了与孩子一起学习的观念，让孩子一个人面对枯燥、难懂的知识，对培养孩子的学习兴趣是有影响的。如果父母能够与孩子一起学习，让孩子觉得面对困难的不只是他一个人，这样孩子就不会厌恶学习。当孩子遇到学习困难时，父母也应该与孩子一起解决，让孩子体会到学习的乐趣。所以，与孩子一起学习对培养孩子的学习兴趣是非常重要的。

父母与孩子一起学习，还有一个非常重要的因素，就是让孩子明白学习是一件重要的事情。因为孩子还小，他们对学习的重要性没有实质的认识，当孩子稍微懂事以后，他就会逐渐明白，父母都花费时间来陪自己学习了，这说明学习对自己是一件非常重要的事情。

另外，与孩子一起学习，还可以培养孩子的自信心。因为，当父母帮助孩子解决学习上遇到的一个个困难以后，就会让孩子觉得困难也是很容易解决的，从而增强孩子的自信心。同时，这也是培养孩子良好的学习情绪的一个重要方法。

在与孩子一起学习时，尽量把自己也当成一个学生来看，你是与孩子一起学习知识，而不是去监督孩子学习的。这一点非常重要，如果处理不好，往往会使孩子对学习感到厌倦，而且也会影响对父母的感情。

学习的时候和孩子在一起，游戏的时候也要和孩子在一起。因为，游戏能够引起孩子对未知世界进行探索的愿望，并且，在进行探索的过程中，他们的观察能力、注意力、记忆力。想象力、思维能力以及语言表达能力等等综合能力都能够得到发展。因为，丰富的游戏环境，以及种类繁多的游戏材料，都是促使孩子运用多种感官的外在条件。有了这些条件，然后在父母的正确引导下，孩子的感知能力就能够得到合理的发展。在游戏过程中，孩子可以接触到各种事物，接受各种感官的刺激，孩子会产生强烈的求知欲望。这对于培养孩子的学习兴趣、培养孩子的学习能力来说是一个良好的基础。游戏能够训练孩子的思维能力和语言表达能力，当孩子在做游戏时，父母要让他们多动脑筋、积极思考。同时，游戏还能够充分启发孩子参加活动的主动性、积极性和创造性。

可以看出，游戏的种类很多，内容广泛、形式多样，是孩子发展智力的广阔天地。父母与孩子一起游戏是非常重要的一个环节。在教育比较发达的美国，与孩子一起游戏，已经成为父母们教育中的一项必要工作。

但许多父母都会认为：孩子自己会玩游戏，孩子喜欢怎么玩就让他怎么玩。于是，就对孩子的游戏漠不关心。甚至还有一些父母认为，孩子在游戏时会将房间搞得乱七八糟，因此他们非常反对孩子做游戏。父母应该明白，这样的做法对孩子的全面成长是非常不利的。克鲁普斯卡娅说："孩子在游戏中学习组织自己，学习研究生活。父母应该重视孩子的游戏，而且应该做相应的指导和帮助。"事实上，游戏是一种特殊的教育过程，对孩子来说，也是学习的方式之一。忽视或者阻止孩子游戏的做法，对孩子的教育的损失是很大的。

与孩子一起游戏，是素质教育的需求，当孩子的游戏玩伴，是每一个家长教育孩子必须做的一项工作。

一个成功的家长既可以和孩子一起学习，又可以和孩子一起游戏，他会和孩子一起进步，一起增长知识。这样的父母一定会教育出最棒的孩子。

六、孩子学习的积极性是需要激发的

如果父母希望自己的孩子学得更好，学到更多的知识，增强各方面的能力，开发出更多的潜能，就应该制造良好的氛围，激发出孩子学习的积极性，让孩子在情绪化中学得更好，学得更加生动活泼。

很多父母都有这样的经历，对孩子说："来，我教你背一首唐诗吧。"孩子把头一扭就往一边走。这可怎么办呢？不少父母也有这样的经历：下雪了，天上飘着雪花，孩子对父母说："快来看，雪花在跟我玩呢。"吃苹果的时候，孩子对父母说："这里面放了糖，你知道吗？"

这些情况的发生给了父母以下启示。

1. 发挥孩子性情的作用

这给父母提供了一个重要的信息：孩子都是"性情中人"。他们认识事物的时候总是充满了情绪，事物在他们眼里都带有感情色彩，孩子为什么都喜欢童话故事，道理就在这里。只有让孩子接触感性的东西，他们才能更深切地感觉它，记忆它，理解它，才会对这些东西产生兴趣。在孩子的心目中，雪花是朋友、是玩伴。父母应该根据孩子的这个特点，充分调动孩子的情绪状态，把学习变成生动活泼的过程。

孩子都是情绪化的学习者，教育者不为他们制造一定的情感氛围，就无法激活他们的聪明才智，有些孩子在某个教师的班里很聪明，而到了另一位老师的班里就变傻了，可能奥妙就在这里。

有些父母教育孩子常常使用成人化的方法，就是因为不明白这一点，弄得孩子对学习缺乏积极性，反过来父母却又埋怨孩子又懒又笨……其实，有很多时候，又懒又笨的恰恰是父母自己。他们对孩子的心理一窍不通，又懒得去研究去学习，还自以为是把成人学习的模式强加给孩子，孩子不愿学习，又去责怪孩子。不客气地说，应该责怪的不是孩子，而是父母。

2. 孩子利用自己的经验来学习

孩子认识事物，一般都是以自己的经验为中介的，这是孩子情绪化的另一个特点，在孩子的心目中，任何事物都跟自己的经验有很直接的联系。孩子吃苹果感觉到了甜，他不认为甜是苹果本身所具有的，而认为是里面加了糖，这显然是孩子吃奶时加糖的生活经验的反映。

这种思维方式非常有趣，反映了孩子是以自我为中心的，根据孩子的这个特点，父母对他们进行知识教育的时候，一定要把有关的知识和他本人的生活体验联系起来，这样才便于孩子理解，否则就会出力不讨好。父母要想知道孩子的体验，就必须走进孩子的内心，用孩子的眼睛去看世界。这是很困难的一件事，而且很多父母，都不愿意去认真研究孩子的心理，但是这种事是不做不行的。

从以上两个方面的启示中，我们可以看出，让孩子能够喜欢学习，首先就要激发出他们的积极性，让他们在情绪化中学习，这样就会收到一种意想不到的效果。

七、让孩子的兴趣在家庭教育中得到培养

有了兴趣，孩子才会积极关注，主动思考，并自觉采取行动。因此，对于父母来说，在日常生活和学习中想方设法地培养孩子学习的兴趣，培养他向上的积极性，是一项重要的工作，可以说把这个工作做好了，就不用担心孩子今后的发展了。

人的一生需要接受家庭教育、学校教育、社会教育，而家庭教育是教育的起点与奠基，父母是孩子的第一任老师，家庭是孩子的第一课堂，家庭教育对孩子具有十分重大的影响。家庭教育主要是教育孩子，那么家长教育孩子，主要教育什么呢？从总体来说，孩子成长发育的各个方面都是教育的内容，道德品质、智力发展、知识技能、身体健康、心理健康等，这些父母都必须不同程度地担负起教育责任，这是显而易见的。但是，在城市家庭中，高智商、高要求、多技艺和强训练的教养理念一统天下。"技多不压身"的古训在现代家庭中重新找到了强大的生长点。

在紧张繁忙的陪练中，父母以孩子学会某种技艺为标准，来衡量自身教育理念的行为效果，为了让孩子"学好"，生活上包办代替，学习上辛苦陪练，强行监督，而恰恰忽视了孩子个性的成长发育，忽视了孩子首先将成为一个公民的基本事实，偏离了教育培养全人的本意，使孩子的家庭教育失去了支点，该严格处却放松，该放松处却又严格。其实，对于孩子来说，兴趣是最好的教师，有了兴趣，孩子才会积极关注，主动思考，并自觉采取行动。因此，对于父母来说，在日常生活和学习中想方设法地培养孩子学习的兴趣，培养他向上的积极性，是一

项重要的工作，可以说把这个工作做好了，就不用担心孩子今后的发展了。

那么，如何在家庭教育中培养孩子的学习兴趣呢？

1. 增强学习快感，培养直接兴趣

著名物理学家杨振宁曾说过，他不赞成有人说他是"刻苦"学习的，因为他在学习中从没感到"苦"，相反，体会到的是无穷的"乐"。学习如果能给孩子带来快乐，那么孩子一定会喜欢学习，年龄越小的孩子，学习兴趣越是以直接兴趣为主。例如：有的孩子喜欢画画，可能是他乐意用五彩的蜡笔在纸上涂抹，看着五彩的线条在纸上延伸、扩展，他的思维、想象也跟着任意遨游、旋转；也可能是老师经常表扬他，虽然他画得并不怎么样。那么，怎样才能使学习变为快乐的事呢？

首先，多表扬，少批评，要善于发现每个孩子的优点。有些父母开口闭口就是"这么简单的问题都不会，光知道玩"，本来是恨铁不成钢，却不知好钢已在批评中钝化了，日久天长，孩子总觉得自己很差，总有错，在学习中有压抑感，于是就厌恶学习。

其次，使孩子一开始就有成功的体验。父母要尽可能使孩子掌握好知识，一开始就让孩子学懂，这样既增强了孩子的自信心，又使他体验了学习的快乐。

最后，父母应该指导孩子读书。父母和孩子一起学习，当孩子解答出难题后，与孩子分享快乐，当孩子不懂时，与孩子共同探讨，这也能让孩子觉得学习是件愉快的事情。另外，父母的情绪、学习的环境等也能影响孩子学习的情绪体验。

2. 明确学习目的，培养间接兴趣

优秀父母的经验证明：学习目的的教育应该联系孩子的思想和实际，坚持耐心细致的正面教育，通过生动形象、富有感染力的事例，采用多种多样的形式，把学习目的与生活目的联系起来，这样才可以收到良好的效果。例如，孩子对背外语单词不感兴趣，但对学好外语后可以用外语交流，参加各项外语活动等结果

感兴趣，这种兴趣可以促使孩子去从事背单词的活动。所以家长们既要充分利用孩子的直接兴趣，激发其勤奋学习，更要通过学习目的教育来提高孩子的间接兴趣。兴趣在活动中的动力作用，已为不少心理学家所承认。瑞士儿童心理学家皮亚杰把兴趣说成是"能量的调节者"。孩子对学习有兴趣，就可以激起他对学习的积极性，推动他在学习中取得好成绩。

3. 利用孩子的好奇心，培养学习兴趣

孩子具有好奇、好问、好动的特点，父母应充分利用它来激发孩子的学习兴趣。有的孩子把闹钟拆开，有的孩子不停问为什么。父母如果不了解孩子的特点而把这些看成孩子的淘气、捣乱，对孩子采取批评、冷淡，不理睬的态度，这样就会损害孩子智慧幼芽的生长，挫伤他们求知的积极性。对孩子的提问要回答，如果不会则可以告诉他如何查询，或者弄明白后再告诉他。

父母要尊重、保护和正确引导孩子的好奇心。此外，在各种活动中培养孩子的好奇心也是很重要的，如让孩子参加各种兴趣班的活动小组或外出郊游、参加社会实践活动等。在活动中孩子通过发现问题，产生好奇心。有的父母认为自己的孩子学习劲头本来就不高，再参加兴趣小组会分散更多的精力，就不准他参加其他的活动，这种做法恰恰是放弃了引发孩子学习兴趣的好机会。

4. 创建有利于培养学习兴趣的外部环境

只有肥沃的土壤才能长出好庄稼，只有良好的家庭环境才可能培养出智力优秀、聪明活泼的孩子。首先，父母要以身作则，热爱学习，家长是孩子的第一任老师，身教重于言传。如果父母督促孩子要努力学习，而自己却常常通宵达旦地打麻将，那么孩子感兴趣的恐怕不是如何搞好学习，而是如何玩好牌，到时候，孩子学到的恐怕就不是科学知识而是玩牌窍门了。如果父母饭后捧一本书，伴一杯清茶，端坐书桌前伏案写作，孩子耳濡目染，也会经常看书、学习。

其次，多给孩子买一些有益的、适合孩子心理发展特点的书。一般而言，可

以为孩子购置一些通俗的简化本文学名著以及一些激发孩子想象力与创造力的书，比如童话、寓言、科幻小说等书，家中如果有很多书的话，就可以便于孩子翻阅，有利于让孩子对阅读产生兴趣。

再者，给孩子一个安静的学习环境。孩子学习时父母不要一会儿送水果，一会儿与他说话，这样会打断孩子的思维。

最后让孩子多与爱学习的小朋友接触，受其影响，对学习产生兴趣。

八、用正确的态度对待成绩差的孩子

孩子学习差，父母恨铁不成钢，着急、气恼，都是可以理解的。但粗暴地对待孩子，既无益于孩子学习的进步，也加深了父母与子女的矛盾，更不要说让孩子对学习产生兴趣了。其实，成绩差的孩子，更需要父母用心地去对待。

"望子成龙"可以说是每个家长的心愿。但是，在我们的现实生活中，由于各种各样的原因，还是有不少学习不好的学生，这就使得一些家长的"神童梦"破碎，思想悲观，从而粗暴地对待孩子，造成孩子心灵的扭曲、身心和学业上的恶性循环，后果堪忧。其实，成绩差的孩子更需要父母用心地去对待。

孩子学习成绩不好主要有以下几方面原因：

1. 孩子智力因素方面存在问题

孩子的成绩不好可能是孩子的智力发展滞后，感觉器官先天缺陷或后天损伤，大脑受到伤害等智力原因。另外，孩子的思维大多都有具体、形象的特点，如果他们的抽象思维能力没有能及时地发展起来，赶不上教学内容的要求，在学一些抽象性、逻辑性知识的时候就会跟不上。孩子学习差，多半是这个原因。

2. 孩子非智力因素方面存在问题

孩子的成绩不好有可能是孩子的学习态度不端正，学习目的不明确，学习方法不得当，学习动机不强烈，学习习惯不合理等非智力原因。如果孩子年龄较小的话，性格、情绪方面对孩子的学习也有很大的影响。当孩子情绪高涨时成绩会直线上升，情绪低落时成绩则大大下降。性格外向的往往过高估计自己的学习能力，性格内向的则容易背上精神包袱。

3. 老师和家长的教育方式、方法方面存在问题

孩子的成绩不好可能和老师与家长的教育有关，比如教师水平有限、上课枯燥无味，让学生厌学；家长对孩子学习上的困难视而不见。或者随便训斥孩子；或者包办代替，不能正确地启发、帮助孩子。

4. 环境方面存在问题

孩子的成绩不好还可能与环境有关，学校是孩子学习的主要场所，如果学校学风不好，设施、设备不完善，势必对孩子学习成绩造成影响，孩子在课余时间没有好的活动场所，没有丰富的活动内容，与社会上各种不良分子接触，受到社会上一些不良因素的影响，也会使成绩下降，在家庭中，家庭的结构、条件，气氛，家庭成员的素质等，都与孩子的成绩有密切关系。

由于孩子成绩差的原因是复杂的、多方面的，因此家长要抓住主要原因，比如帮助孩子树立好的学习目标和学习动机，教育孩子要有一个正确的学习态度，让孩子掌握正确的学习方法等。其中关键是对孩子既要理解宽容，又要严格要求。家长要积极主动地与学校老师联系，交换情况，共同磋商，找到好的方法。一般来说，孩子学习成绩差，只是其发展过程中暂时的波折，只要家长重视，并加以适当的教育，是能改变这种状况的。

如果孩子的学习成绩不好的话，父母就有必要对自己进行一些心理调整，首先需要父母做的是放弃过高的期望，制订一个切实可行的、适合孩子实际能力的目标。

容易厌倦的孩子可以先让他学习 10 分钟、15 分钟，完成后好好表扬孩子一番，日后将时间逐渐拉长，当能完成 30 分钟后，1 个小时也不再是高不可攀的目标了。最终目标可以很高，但暂时目标不宜过高，应该是孩子易于接受的，这样能不断地给孩子成就感和自信心。小的目标逐一实现，这种积累终将成为一座大山。

现在父母一般以孩子考试分数作为衡量孩子学业优劣的唯一标准，分数高者，父母十分高兴，给予各种奖励，分数低者，父母非打即骂，给予的则是各种处罚。但是，考试并不能证明学业的全部，父母不要两眼盯在分数上。只有对孩子的学业不佳有了正确的认识，父母才能避免粗暴地对待孩子。父母只有信任孩子，对孩子满怀期望，才能调动孩子的自尊心、自信心，孩子才能具有追求进步的内部动力。父母应该了解，学业不佳的孩子对他人的态度特别敏感，稍有不慎就会伤害他们的自尊心。父母可与学校老师联系，共同分析出孩子学业差的原因，并根据具体情况采取措施，帮助孩子进步。

九、不要扼杀孩子的学习兴趣

当父母看到孩子对某一方面感兴趣了，就恨不得他马上成才，然后对孩子进行疯狂式教育，让孩子接受不了。其实，不管学什么，都要从最简单的学起，只有让孩子学会、学懂、学到甜头，才会让孩子有学习的兴趣。

不要以为自己的孩子在 1 岁多的时候就会背 10 多首唐诗，他的语文成绩在长大之后就会很好。也不要相信当孩子在 2 岁多的时候会从 1 数到 100，长大之后孩子就会成为数学家。那些坚持让孩子在 3 岁的时候就让他读《道德经》的父母，难道真的认为孩子能深谙其中的真理？这些父母要小心了，你已经犯了孩子智力开发的禁忌。不要以为这样做是在开发孩子的智力，其实你是在扼杀孩子将来对学习的兴趣。著名教育家陶行知说："幼儿比如幼苗，必须培养得宜，才能发芽成长。否则幼年受了损伤，即使不夭折，也难能成材。"

很多父母都知道，孩子在 3 岁之前，其能力的发展是人的一生中发展最快的一段时期。父母给他的刺激越多，孩子的能力被挖掘的就越多。所以，父母应该在这个时期抓紧对孩子智力的开发，但是，在这个过程中，父母一定要从孩子的心理发展规律和年龄特征出发。采用的内容和手段"略为提前"一点就好，千万不要拔苗助长。

那么，哪些事情是禁止父母去做的呢？

1. 过分重视知识的灌输

有个刚满 3 岁的孩子，叫小旭恒，他每天的"工作"清单是：画两幅图画；写 1 ~ 20 个数字；读完妈妈新买的故事书《小熊的一天》，回来要讲给妈妈听的；还要背出英语单词 5 个。每天，小旭恒只能眼巴巴地看着邻居家的小姐姐在院子里开心地骑脚踏车，而他就只能面对着一大堆"工作"发呆，不完成作业就不能出去玩，因为，妈妈的话就像圣旨一样。

这种单调的知识灌输会过早地将不易掌握的知识强加于孩子，这样做只能引起孩子更多的困惑和恐慌，特别是当他们面对想方设法要求他们完成任务的大人时，他们会为自己完成不了任务而感到害怕，对自己的能力产生怀疑，这种不自信带来的后果将会影响孩子的一生。

父母应该这样做：选择大人和孩子都轻松自由的环境进行教育。比如：在公园里散步，大人可以教孩子多去认识一些植物；在动物园或海洋公园参观，可以让孩子见识大自然多种不同的动物；在商场里买东西，可以教孩子识别不同商品以及了解各种商品的特性；在科技馆或者展览馆里，可以让孩子接触到各种各样的科学知识，拓宽孩子的知识面。

学习的时间不宜过长，一般 3 岁以下的孩子学习时间最多不超过半个小时，不要勉强孩子，当孩子注意力分散时，就可以停止教学了。

2. 用大人的标准去要求孩子

先看一个事例：

4 岁的佳妮已经可以画出 10 多种图形了，而且还会用水彩和油墨画画，幼儿园的老师都夸她聪明呢！可是一到了妈妈这里，就不过关了。其实也难怪，妈妈对她要求很高，每次都要求她画一些高难度的画，还不能出错。真难为她了，才小小年纪的孩子，哪能次次都不出错呢？

用大人的标准要求孩子，孩子就会觉得事事办不好，事事都难办，从而失去前进的信心。

父母应该这样做：和孩子以游戏的方式来关注孩子学习上的点滴进步。父母可以做一张大表格，当孩子有明显进步时，为了表示奖励，让孩子自己在表格上粘一朵小红花。当孩子表现一般时，可以让孩子粘一朵小黄花；当孩子有了退步倾向时，就只有让孩子粘一朵小绿花了。在学习的过程中，家长让孩子学会区分自己不同的学习表现，从而慢慢地学会对自己不断激励和不断要求。

在具体学习上，尽量少用"第一"和"最后"的标准来衡量孩子的学习结果。

3. 对孩子兴趣培养过早定向

先看这样一件小事：

自从 2 岁的雨桥对隔壁玲玲家的钢琴表现出些许好感后，爸爸回家就开始忙活开了，先是打电话咨询钢琴学校幼儿班的情况，又是在网上了解二手钢琴的价格，然后还在家里拿把钢尺量来量去，看哪个角落正好可以摆一架钢琴。

爸爸这样做这不符合孩子身心发展的特定规律。事实上过早对孩子的兴趣定向，只会限制孩子能力的发展，不利于孩子完全人格的建立。

父母应该这样做：父母可以全面培养孩子的欣赏和鉴赏能力，带孩子去看一些专业的画展、音乐会、歌剧、舞剧、话剧，不要求他刻意地理解，只是让他学会欣赏、有个大致的了解，让孩子感觉到什么是美的，什么是高雅的，什么是动听的。

在孩子有兴趣的基础上发展其特长，可以辅助一些教材或训练，循序渐进地学习某种技能。

刚开始不要对孩子的某一种兴趣表现出太大的热情，用淡然一些的语气和他交流。如果他是真的有兴趣，慢慢地你自然会感受到；如果他只是"新造茅坑三日香"，那你也省得费心了。

十、培养孩子学习兴趣时的注意事项

在家庭教育中，需要注意的事情有很多。父母在对孩子进行教育的时候，一定要加倍注意。因为，一不小心，孩子就可能会对学习失去兴趣。

家长要及时发现孩子的兴趣，并因势利导地通过认识需要、激发情感、磨炼意志、引导行动等多种途径来培养、发展孩子的兴趣，以开发其智力，推动其成才。同时，应注意以下几点。

1. 对孩子的兴趣应给予关心和鼓励

在培养孩子某方面的才能时，不能过于性急，过急只会"欲速则不达"，强迫式的训练往往会被孩子拒绝，孩子接受不了就会逃避训练。正确的态度应该让孩子在轻松自由的气氛中自发地产生兴趣、感受乐趣，孩子有兴趣的时候，也正是父母指导最有效果的时候，错过时机，以后的指导只会事倍功半。

孩子常常会缠着父母问问题或是要求讲故事，这正是孩子兴趣的表现。如果父母粗暴地以一声"自己一边玩去"加以拒绝，对孩子的求知欲无疑是一次打击。但是，如果父母能耐心解释或启发孩子一起思考，则有利于孩子语言的发展和思维、想象的发挥。在孩子有兴趣时加以拒绝，以后即使设法弥补，恐怕也难以奏效了。因为孩子的兴趣是变化不定的，很可能你虽有情，他却无意了。

2. 不要逼迫孩子

孩子天生就有好动、好强、好胜、好奇等内在特质，也有探究世界的强烈欲望，本来就有多方面的兴趣。家长要善于及时发现孩子的正当兴趣，并正确地加以引导，千万不要将自己的欲望强加于孩子，逼迫子女去发展自己不喜欢的兴趣。俄国教育家乌申斯基曾指出："没有丝毫兴趣的强制性学习，将会扼杀孩子探求真理的欲望。"强制的结果，不仅与家长的愿望相反，甚至会使孩子产生逆反心理，形成厌学情绪，不利于他们健康成长。

3. 要培养孩子兴趣的稳定性

有的孩子兴趣比较广泛，今天学这样，明天学那样，缺乏持久性，朝三暮四、见异思迁，有的孩子在学习中碰到困难，就想改学别的容易些的。这样做将一事无成，这就需要家长的努力教育了，努力让孩子的兴趣长时间地保持在某一对象或某些对象上。只有持久而稳定的兴趣，才能推动深入钻研问题，才能经受艰苦的环境考验，才能进行富有创造性的劳动，从而获得系统的科学知识，取得良好的成绩。

4. 让孩子体会成功的乐趣

任何时候都不应该嘲笑孩子的努力。常听到父母这样训斥，"你看你看，又错了，怎么那么笨啊"，"你看人家小红，都会说英语了，你就会玩"等等。这些脱口而出的批评，显然出自一片好心，想让孩子往好处做，但是这种批评往往是因为父母对孩子能力做出了错误的估计，并且这样的方式，只能伤害孩子的自尊，使孩子畏惧学习。正确的方式是应该尽量避免唠唠叨叨的批评，对孩子的努力给予肯定和承认，哪怕是微小的进步也应给予赞赏，让孩子体会到成功的快乐。这既是对孩子最好的精神奖励，同时有利于激发孩子下一次的尝试。父母不要一下子对孩子的要求太高，不要让孩子经受太多的失败，即使孩子做错了事，也不要斥责、取笑他的失败，应该始终肯定他的努力，欣赏他的长处，让孩子体会到自己的进步，始终满怀信心面对人生的挫折和失败。

美国教育家杜威说："兴趣是生长中的能力的信号。"我们要培养孩子的个性特长，首先要发现孩子的兴趣。日本教育学家木村久一说："如果孩子的兴趣和热情一开始就得到顺利发展的话，大多数孩子将成为英才……"当然，要孩子都成为英才是不可能的，但这话却道出了极早发现孩子兴趣的重要性。作为父母，要做孩子的有心人，在日常生活中，仔细地观察孩子，从一举一动、一言一语中去发现孩子的兴趣。对于孩子的兴趣爱好，我们要竭力去培养，使它结出丰硕的果实。

第十一章
培养孩子的记忆力

一、孩子的记忆力和其特点

记忆是一种比较复杂的心理过程，是过去经验在人脑中的反映，它包括识记、保持和再现几个环节。孩子的记忆是从什么时候开始的还是一个有争论的问题，但是，不管什么时候，父母都要对孩子记忆的特点有所认识，这样才能针对孩子记忆的特点来对孩子进行记忆力的培养。

记忆是指人的大脑对经历过的事物进行贮存和再现的能力，通俗地说，就是把某个东西记住，在某个时候想再次遇到的时候就想起来。就好像把某件东西放在抽屉里，需要的时候再取出来一样。

记忆，是人对过去感知过的事物或语言的再认和再现。从人类的发展史来看，在文字产生之前，人类的文化发展就是靠记忆，靠一些最简单、最原始的记忆辅助方法来世代相传的，如打结，在石头或其他器皿上刻痕等。据悉在古代社会曾出现过一种"记忆人"；这些人记忆力超群，于是他们就专司记忆，而他们的记忆也就成了人们衡量事物的标准。对于单独的个体来说，记忆则是人们学习、掌握知识的基础，古今中外记忆力超常的大有人在。

苏联的一本杂志说，如果我们能迫使我们的大脑达到其一半的工作能力，我们就可以轻而易举地学会 40 种语言，将一本苏联大百科全书背得滚瓜烂熟，还能够学完数十所大学的课程。

事实上，一个人的记忆潜力是非常大的。据美国科学家研究，如果一个人始终好学不倦，他的大脑所能储存的各种知识，将相当于美国国会图书馆藏书量的 50 倍，而美国国会的藏书有一千多万册。可以想象一下，一个人的大脑能够装下多少知识呀!

其实人脑就像是一个图书馆,一个人学习的、记忆的东西都会保存在这个图书馆内。当他需要用的时候,就可以用。但是,如果图书馆的书库中根本就没有进过那本书,怎么可能借给你呢? 记忆就是过去经验在人脑中的反映。一个人只有先去记,才可能在脑海中再现。

那么,孩子记忆有什么特点呢? 主要有以下四个特点:

1. 记得少,忘得快

孩子记忆的范围和记忆保持的时间,是随着年龄的增长而扩大和延长的。一岁左右的孩子记忆的范围很小,起初只能认妈妈、亲人,然后才能再认周围的事物。他们记忆保持的时间很短,例如将他们和一起生活的亲人分开一个月,再相见时就不认识了;幼儿园的小朋友一堂课上能学会一首儿歌或一个故事,但是不久也就忘了。

2. 记忆缺乏目的性

上学前孩子的记忆很难服从一个有目的活动,他们的记忆以无意识为主,他们只能记住形象鲜明的对象、引起兴趣的事物或引起强烈情绪体验的事。要年幼的孩子将记忆专门作为有目的的活动是困难的。当孩子五六岁的时候,有意识的能力才开始发展起来,如果大人委托他做某件事,他会运用简单的记忆方法,比如重复大人说的话来记住这件事。进入小学后,在教育的影响下,孩子有意识记的能力可以得到较快发展。

3. 记忆方法呆板

成人的记忆一般是通过对要记忆事物的理解,找出事物的主要特征和内在联系,摒弃事物非主要部分,进行意义识记。而孩子由于受到知识和经验的限制,不会进行这种分析,只能对事物的表面进行机械识记。例如成人和孩子同时遇到一个初次见面的人,成人记住的是这个人的相貌特征,而孩子记住的可能是这个人的衣着颜色等等。但是学前孩子也不是完全没有意义识记，对他们能理解的事物也会进行一些意义识记。

4.记忆不精确

孩子记忆的精确性也是随着年龄增长而提高的。年幼的孩子记忆不精确表现在记忆不完整、相互混淆、歪曲事实和易受暗示等方面。例如当孩子听了一个故事，他只记住感兴趣的某个细节，整个故事的情节却记不住，或者把另外故事的情节也混在一起。又如一个母亲问从幼儿园回来的孩子，今天舅舅到幼儿园看你了吗？他回答说是的，事实上他舅舅今天没有来而是前几天来过，他被母亲一问就认为今天来过了。这是由于记忆不精确加上以臆想来补充记忆而造成的。随着年龄的增长这种情况是会改变的。

记忆是一种比较复杂的心理过程，是过去经验在人脑中的反映，它包括识记、保持和再现几个环节。孩子的记忆是从什么时候开始的还是一个有争论的问题，但是，不管什么时候开始，父母都要对孩子记忆的特点有所认识，也要针对孩子记忆的特点来对孩子进行培养。

二、怎样提高孩子的记忆力

很多父母认为孩子的记忆力是天生的，其实，这种说法并不正确，它不仅和遗传因素有关，更重要的是和记忆的条件、方法有关。所以，父母要尽早有意识地培养孩子的记忆力，让孩子能够有效地提高他们的记忆。

父母想要提高孩子的记忆力，下面的这些建议可供参考：

1. 科学安排孩子的饮食起居

父母应该懂得，良好的记忆需要有发育良好的大脑和良好的环境。因此，要增强孩子的记忆力，父母要合理科学地安排孩子的饮食结构，安排好孩子学习的环境。

在饮食方面，要保证孩子摄入足够的蛋白质，如蛋黄、瘦肉、海鲜、豆制品等，同时，要合理搭配蔬菜、水果等。另外，要控制孩子的饮水。据科学家研究表明，当一个人大量饮水时，他血液中的水分就会增多，渗透压下降，血容量增大，从而会使下丘脑合成及神经垂体释放抗利尿激素减少，这是不利于记忆活动的。因此，父母让孩子保持平衡的饮食结构，保证大脑的营养供应，控制孩子饮水量。

在起居方面，应该选择蓝色、灰色等色调来布置孩子的房间，这样可以让孩子的情绪趋于相对稳定的状态，能够集中注意力去记忆事物。房间内东西的摆放要整齐，杂乱无章容易干扰视线，影响记忆。在为孩子选择台灯时，一定要注意不要选择灯泡太亮的，而且最好不要让灯光直接照射到桌面，可以使用间接照明，比如，让灯光照射到墙壁，然后再反射过来。这样，光线就比较柔和，不会刺激孩子的眼睛，有利于他集中精力学习。

2. 让孩子掌握记忆的规律

记忆的过程是识记、保持、理解、再认、再现的过程。在这个过程中，识记是记忆的开始，保持是记忆的中心环节，理解是保持的基本条件，再认和再现是记忆水平和质量的反映。

记忆有自身的规律，这是由遗忘规律所决定的。专门研究记忆的心理学家艾宾浩斯做过一个著名的实验。实验的结果是：熟记十三个无意义的音节后，仅过一个小时，就遗忘了七个，两天后，又遗忘了一个，六天后，虽然遗忘还在进行，但是速度更慢了。可见，当记忆过程一结束，遗忘就开始了。遗忘的速度是先快后慢，记忆刚结束，在短时间内就会遗忘很多，越往后则遗忘越少。

正是因为已经记住的东西在遗忘的时候有先快后慢的特点，所以父母要教育孩子掌握记忆的规律，针对遗忘的特点来进行复习。一般来说，刚学过的东西要多复习，以后的次数可以逐渐减少，间隔时间可以逐渐延长。对于年级较低的孩子来说，最好间隔一天，如果孩子要准备考试，则父母要强调平时经常复习，多熟悉教材，进行有意识的背诵，这样可以提高孩子的记忆效果和对记忆的信心。

3.帮助孩子找出最佳的记忆时间

每个人的最佳记忆时间是不一样的，一般来说，早晨和晚上睡觉之前是记忆效果比较好的时间，因为早晨头脑最清醒，记忆起来相对比较轻松。而根据心理学研究，在睡眠中的记忆力是不会下降的。因此，睡觉之前记忆材料，可以减少其他事物的干扰，从而减少遗忘。

父母要帮助孩子找出最佳的记忆时间，如果孩子在早上记忆效果好，可以让孩子在早上听一些英文歌谣、诗歌、散文等，然后引导孩子学习一些知识，但要注意引起孩子的兴趣。如果孩子在晚上睡觉之前记忆效果好，可以让孩子在睡觉之前记忆一些内容，然后让孩子在第二天醒来后进行回忆，这样效果是比较好的。可以让孩子在他的最佳记忆时间里固定地识记、背诵、理解，直至完全记住。

4.激发孩子对记忆的兴趣

兴趣是学习的老师，孩子对有兴趣的东西能表现出很强的记忆力。因此，要激发孩子对记忆的兴趣，父母首先要给孩子创设一个轻松温馨的氛围，让孩子在心情舒畅中来记忆。孩子在精神放松的状态下进行记忆不仅记得快，而且记得牢。因此，父母应该想办法诱导孩子高高兴兴地去学习，而不要一边责骂孩子，一边呵斥孩子去学习，这时的记忆效果肯定是不好的。同时，父母也可以教育孩子运用一些方法，把枯燥无味的知识进行特殊的加工，从而变成让孩子感兴趣的东西来记。

5.让孩子在理解的基础上进行记忆

所谓"欲要记，先要懂"，说的就是记忆要在理解的基础上进行。理解记忆的基本条件是对材料进行感知和思维加工，有些材料，如概念、定理、法则、历史事件、文艺作品等，都是有意义的。记忆这类材料，最好让孩子先理解其基本含义，即借助已有的知识经验，通过思维进行分析综合，把握材料各部分的特点和内在的逻辑联系，从而使所要记忆的内容纳入已有的知识结构，保持在记忆中，而不要采取逐字逐句死记硬背的方式。孩子只有理解了学习过的内容，才能较快较牢地记住。

因此，父母应该让孩子在充分理解学过内容的基础上进行记忆，如果孩子对所学材料不是很理解，父母应该担负起老师的职责，耐心给孩子讲解，及时帮助孩子弄懂。

6. 丰富孩子的生活环境

有生活经历才有记忆，有的年龄很小的孩子，由于"见多识广"，能记住和讲出很多见闻，因此，父母要从小给孩子提供丰富的生活环境。给他玩各种彩色的、有声响的、能活动的玩具，听音乐，多和孩子讲话，给孩子念儿歌、诗歌，讲故事，带孩子去公园、动物园、商店和孩子一起做游戏等等。在他们的耳濡目染中，对形象鲜明的、感兴趣的或引起他们高兴或惊奇的事物，都会留下深刻的印象，较长时间保持在记忆中。这些印象在遇到新的事物时会引起联想，孩子也更容易记住新的东西。

7. 给孩子布置识记任务

为了培养孩子的有意识记能力，对两三岁的孩子就可以布置有意识记的任务。最简单的可以从要孩子去取一样东西或传一句话做起。随着孩子年龄的增长，布置识记的任务可趋向复杂，如要求记住游戏规则，复述一个故事或讲出参观见闻等等。

8. 增强孩子记忆的信心

记忆力的好与差不完全是天生的，是可以训练的，记忆力是可以提高的。但对自己的记忆能力失去信心，就很难提高了。只有有信心，才能集中注意力、开动脑筋、想方设法把它记住，因此，家长切忌打击孩子记忆的信心。如有的家长骂孩子"你什么都记不住，一点记性也没有，对你说了也是白说"等等，是很不妥当的。家长要了解其记忆的不足之处，记不牢或记不正确的原因，耐心帮助他，要多给予鼓励。从小培养起对自己记忆力的信心。

9. 指导孩子记忆的方法

善于运用各种记忆方法能提高记忆力，家长要针对孩子的不同年龄阶段，进行记忆方法的指导，年幼的孩子记忆保持时间短，记忆的主要方法是机械识记，要他们记住某种内容就要不断重复，可教他们背诵一些儿歌、诗歌，记住一些简单的科学常识。入学前的儿童已会运用意义识记，可以教他们运用顺序记忆、归类记忆、联想记忆等识记方法。入学后要记住一篇课文，可用整体记忆和分段记忆等方法。

10. 多让孩子观察

观察好比是孩子摄取知识经验的大门，记忆则是储存知识经验的库房。多让孩子观察，在观察中记忆具体的形象事物。例如，带孩子外出时，事先提出要求，让孩子记住行走的路线、方向，注意观察周围及拐弯处有什么特点，乘坐哪一路电车或汽车等，请他带路。

记忆的方法多种多样，将孩子引入记忆方法之门，让他知道用有效的记忆方法可以提高记忆力，促使他去探索、交流、创造适合自己的记忆方法，以达到提高记忆的目的。

三、让孩子走出记忆障碍

许多家长经常抱怨，自己的孩子记性不好，学过的东西记不住，或者平时记得好好的，一到考试就忘了。许多人认为，记忆力是天生的，是父母给的。其实，记忆力是可以通过训练来提高的。

虽然从理论上讲，人的记忆潜力无穷，但还是有很多孩子存在这样或那样的记忆障碍，下面是针对几种问题的建议：

1. 上课"不带耳朵"怎么办

有的孩子的性格十分内向，上课的时候也从来不主动发言，不影响别人，但是自己却是经常走神。用老师的话说就是人来上课了，耳朵却"留"在了家里。这类孩子在学习上的重点障碍就是记忆障碍。

通常，一个孩子的短时记忆不好，往往会影响到上课听讲的质量；而长时记忆的优劣，则与其概念理解能力的水平高低有较大的关系。研究者发现，学习上有障碍的孩子记忆力异常，比较常见的有短时记忆的编码分类，以及长时记忆中检索资料上的困难。

针对这种情况，可以为孩子制订一份训练计划。首先要给他创造出一个轻松的家庭氛围。因为对听觉不发达的孩子来说，应该有一个良好的听觉环境。

在训练中，首先要解决的是孩子的听觉广度和听记忆问题。训练先从简单的数字开始，并逐渐过渡到文字和句子。在训练过程中，要想办法让孩子对自己有信心，这样，他就不会害怕别人对他提问，这样对孩子的记忆能力也会有一个很大的提高。

接着，对孩子进行视记忆的训练。训练的主要项目是看、记符号，目的是通过多渠道的参与，对他进行视记忆训练。在此项目训练过程中，不直接告诉孩子记忆的方法，而是要求他自己归纳出对每组数字记忆最有效、最简单的方法。

2. 精神不集中怎么办

有的家长说，自己的孩子是"不能从头到尾地做一件事，精神不集中，非常容易分心。教他背一首诗，他总是记不住；让他拿两样东西，总是忘掉一样，幼儿园的老师也说他是个什么都学不会的孩子"。毫无疑问，这是个记忆能力明显不足的孩子。这将影响到他的智力发展。

人的智力是由观察能力、记忆能力、思维能力、创造能力、想象能力及操作能力等组成的。其中，记忆能力是整个智力结构的基础，如果没有好的记忆力，其他各种能力都无法得到正常发展。在不同的年龄阶段，记忆力与智力关系也不一样。在幼儿期，记忆能力占据人智力的主要部分，也可以说，如果一个孩子的记忆力发展正常，即他的智力发展正常。记忆力超常的孩子，智力的发展也自然是超常的。正因为幼儿期的记忆能力对人的智力发展有举足轻重的作用，因而使得孩子的记忆力训练成为一项相当不容易的事，要发展孩子的记忆力，需要有科学的方法及持之以恒的态度。

记忆力训练首先是注意力的训练。因为记忆的基础是注意。就如我们在教孩子学习某种知识技能时，他首先必须在能够集中精力于自己手头事情的基础上，我们才能指望他认真学习。也就是说，首先应具备一个良好的注意品质。

在提高注意力训练之前，首先要弄清记忆力不足的孩子是如何分配其注意力的，研究表明。这类孩子往往把注意集中在比较简单的认识过程上，从而无暇注意那些难度较大或更为复杂的过程。其原因有两种可能：

（1）没有足够注意可分配给不同的过程。

（2）不能向某一任务的各个方面有效地分配适量或适度的注意力。

因此，对这类孩子的训练，应更多地强调目的性。为此，要采取信息集中训练法，让他以较快的速度，在较多的信息中找出所要求的信息，以达到训练注意力的目的。

训练注意力的目的是要提高孩子的记忆力。要做到这一点，必须要经过两个阶段，即注意力与记忆力协同训练阶段和记忆能力的训练阶段。这是一项较困难而又长期的训练阶段，要求孩子、家长及老师都要具有持之以恒的态度才能有效。这一阶段训练的项目很多，其中有一项"找不同"的训练是通过找两种材料的不同之处，从而达到训练注意力与记忆力协同发展的目的。

由于人的记忆能力（包括视觉记忆和听觉记忆），要建立在视觉记忆有所提高的基础上，因此对这类孩子的训练内容中还有听觉训练的内容。思维策略包括"复述"，比如当要求人们记一组单词或某一术语时，大多数人都会通过大声背诵或默念来达到目的，而多数学习障碍的孩子，特别是幼儿则不会自发地使用复述的方法。但如果在教会他们怎样做之后，他们的记忆力会提高一大步。

3.孩子发愁背书怎么办

（1）记忆能力较困难。由于学生在学习过程中主要依靠记忆功能，因此，记忆在学习中起着重要的作用、记忆从时间上分为长时记忆和短时记忆。如果孩子的短时记忆不好，往往会影响他的上课听讲质量，而长时记忆与他的概念理解能力水平的高低有很大的关系。

（2）理解能力较困难。这类孩子可能会表现为无法有效地组织思考内容，无法形成抽象的概念，对理解抽象的概念有一定的困难。

有的孩子在听觉记忆和视觉记忆上不能较长时间地保持对所学知识的记忆，因此，尽管他比较刻苦，并付出很大努力去背、记，但也只能是机械地记忆，而不能把知识系统化。根据这种情况，可以对孩子进行以下的训练：

①提高听觉记忆能力，目的是让他听清楚，然后到记住。

②提高视觉能力记忆，目的是要求他看后用记日记的方式写下来。

③理解能力训练。推理和思维训练，听故事想原因或结果。从各种类型习题中挑选出最典型的习题进行练习，教会他掌握基本解题方法，分析题，找出已知条件和未知条件的关系及要解决的问题等。

四、父母必知的14种提高孩子记忆力的方法

记忆是有方法的，凡是有成就的人大部分都是记忆力超群的人。他们良好的

记忆力就是因为他们掌握了一些行之有效的记忆方法。让孩子拥有良好的记忆力，关键就要看父母如何让孩子们掌握一套方法了。

父母可以教给孩子一些科学的记忆方法，能帮助孩子记忆，增强记忆效果。记忆方法很多，可根据孩子的不同年龄、不同情况灵活运用。下面列举的几种记忆方法，是许多父母教孩子增强记忆力的经验结晶：

1. 趣味记忆法

心理学实验证明，形象生动、内容有趣的材料，在头脑里留下的记忆保持量远远超过内容枯燥乏味的材料。由于有趣的事不容易忘掉，我们就应把记忆对象尽量塑造成有趣的形象，以增强记忆。例如，对肌肉、肌腱和骨骼的关系可以这样比喻：肌肉就是马达，代表原动力，肌腱就是皮带，传送动力，带动齿轮，骨骼就是齿轮，接受动力，产生动作。这样一来，简单明了，一听就懂，容易记忆。

2. 形象记忆法

"一朝被蛇咬，十年怕井绳。"被蛇咬所造成的创痛及恐惧，与蛇的形象建立了牢固的联系，以至看到形似蛇身的东西，便立即产生痛苦的回忆，往往不需要多次重复也能保持很久，甚至终生不忘。父母可利用首次强烈印象的作用来建立孩子正确的记忆：首先必须让孩子以感性认识为基础，记忆目标力求形象明确；其次，让孩子通过记忆目标的外部特征及其本质，由表及里，力求认识全面；最后要让孩子了解记忆的目的与用途。例如，给孩子放映一部关于蛇的科教片，从蛇的外形、被蛇咬的惊险场面，到防蛇、捉蛇，再到利用蛇，花几分钟时间便能使他们建立一组生动的联系，留下深刻的记忆。用这种办法获取知识，快速有效。

3. 归类记忆法

孩子到森林中去，在水库里钓了许多鱼，在山野间采了许多野果鲜花，傍晚回家时，让他们把东西归类，用绳子把鱼穿起，野果装在篮子里，用野藤捆好花束，满载而归，什么也没有遗漏掉。我们每天都能感应到很多丰富的东西，犹如森林中采集的花果，如果归类，只要抓住一个线索，便可以拖出一串有联系的知识。孔子称这种方法为"默而识之，一以贯之"。不少学生采用睡前回忆的方法进行归类记忆，效果很好。因为白天活动多，大脑皮层被各种刺激兴奋着，容易掩盖记忆。睡前所记忆的事物，有较长一段时间没有新的刺激覆盖它、冲淡它、抑制它。既然如此，睡前静坐片刻，默默回忆一下当天的学习和活动，归纳分类，使同类知识联系起来，这对掌握新知识大有裨益。

4. 轮廓记忆法

我国心理学家在 20 世纪 60 年代做过一项实验：让一批学生背诵描写长江三峡的古文，然后进行测试。记忆效果最佳的是先记轮廓、再按段落大意并联系想象山川景色的学生。而采用逐字逐句硬背的学生记忆效果最差，很快忘了。对一件事、一门学科也应先览其梗概，进行记忆。有了轮廓，再按"枝节与主干"的联系记忆，就比较顺畅。有些孩子在复习时，还像初学时一样从头读起，这个办法很不经济，效果也不会太好，应当在学的时候不断归类，复习时先回忆、后看书。这样，一章一节的大概结构便浮现脑海，经过归纳整理便可将所学知识如"渔网拖出水面"。再往细处想，想出来的记住了，想不出的翻翻书，重点补上。这种复习记忆牢固，条理分明，重点突出。

5. 间隔记忆法

出差住旅馆，认识了一位同房间的人。尽管我们朝夕相处，过了一个月才分开，10 年后在街头偶然相遇，我还是会忘了姓名，似曾相识，却不敢相认了。反之，客人不是每天来访，而是半年见一次，10 年中虽然只会了 20 次面，但在第十一年来访时，你还是一眼就可以认出。这就是间隔记忆的好处，实验证明，人们的记忆，总是最初和最后的部分被遗忘得少一点，因为最初与最后的记忆部分受到的抑制最小。另外，同一刺激持续时间太长，也会使大脑皮层从兴奋转为抑制。心理学家艾宾浩斯做过另一实验，他对某一长篇材料一次要读 68 遍才能背诵，可是他每天读几段，三天内读 38 遍就全部背熟了，所以，苦背长篇，不如分而治之。采用间隔方法，把文科复习与理科复习交替开，记忆效果也会提高，因为性质相类似的知识，互相抑制作用要大些。

8. 选择记忆法

很多大科学家，对与他事业无关的信息像聋子、瞎子，而对与他事业有关的信息，记忆却灵敏得像电火花。有所不为才能大有所为，这就是选择淘汰。要提高有用记忆的比例，就要对每天的记忆对象进行选择，用精力最好的时间记最重要的、最有用的。记忆要详略得当，重要的详记，用各种记忆法加以增强；次要的可记个梗概；对无用的则不予理睬。因为每个人的记忆专长发展很不平衡，不同的环境与教育，不同的经历与爱好，总是使人的记忆在某方面更强一些。所以，父母要教育孩子对自己的记忆能力扬长避短。

7. 列表对比记忆法

英语时态、化学元素等，不列表对比就会非常混乱，并且无法用几句话来概括。说不清楚，当然就记不住。通过列表，繁杂的内容就可简单化、条理化，一目了然，便于查阅和记忆。列表的过程，就是抓特征、分类归纳的过程，我们不仅要让孩子借助书本上或前人列的表，还应当让他们自己开动脑筋，综合加工、列表对比，经过自己的消化和分析，也就记住了。

8. 协调记忆法

为了建立深刻的印象，记忆时必须动用眼、耳、鼻、舌、四肢、大脑等认识器官，集中对付一个记忆目标，那么，记忆目标的声、色、形、味以及其他性质之间就建立了比较完整的同时性联系，记忆也就比较牢固。反之，若认识器官"各自为政"，所对目标各异，各自记下残缺不全的印象，自然就容易忘掉。因此，记忆应尽量采用"多兵种协同作战"的方法，加强视觉、听觉、触觉和大脑思维活动之间的联系。如学习计算圆锥体的表面积公式，学生边听老师讲解，边剪硬纸片，自己拼凑、拆开、思索、计算、推出公式，眼、耳、手、脑并用，建立的同时性联系比单纯听讲要牢固得多。即使以后忘记公式，也还能记住推导的生动过程，从而把公式追忆起来。

9. 规律记忆法

规律记忆法就是总结事物的规律以增进记忆的方法。如三角函数有许多诱导公式，但这些公式所表达的三角函数的关系，都存在一个共同规律。抓住这个规律，便可统一为"函数同名称，符号看象限"两句口诀。只要记住这十个字，就可以推导出全部诱导公式。

10. 概括记忆法

所谓概括记忆法，就是对识记材料进行提炼，抓住关键的记忆方法。例如，学习历史，"王安石变法"的内容是：青苗法、募役法、农田水利法、方田均税法、保甲法，可简略为一青、二募、三农、四方、五保等几个字。

11. 精选记忆法

对记忆材料加以选择和取舍，从而决定重点记哪些，略记哪些，这种记忆方法叫作精选记忆法。

据说古时候，有的人记忆力极好，甚至可以把文章倒背如流，过目成诵。可是郑板桥却看不起这种人，把他们叫作"没分晓的钝汉"。什么叫没分晓？就是不分主次、轻重，不管有用、无用，一股脑儿全都背下来。

小学生每天接触的信息太多了。这些信息并不是都需要记忆的。教材和笔记中很多详细的说明性文字、同一类型的很多道习题、非重点的内容、可以根据其他公式推导出来的那些较复杂难记的公式等，都可以忽略不计。这样，就可以拿出主要精力记忆那些对考试来说最重要、最有意义、最有价值的材料。

牵牛要牵牛鼻子，记忆要选择知识的"牛鼻子"。因此要想考出好成绩，必须对所学知识充分消化理解，精选重点内容，把它们牢牢地记住。

12. 对立记忆法

如学习外语单词时，可把大小、长短、上下、远近、前后、早迟、冷热、天地、男女等经常联系对比，进行记忆。

13. 谐音记忆法

在汉字中，有很多属于同音字，还有更多的字读音相近似。字与字的读音相同或相似，就叫谐音。借助谐音，赋予材料以引人入胜的意义，常可收到简便易记且经久难忘的效果。

14. 提纲记忆法

提纲记忆法就是通过对学习材料的分析、总结，将其归纳成提纲的形式进行记忆的方法。东汉经学大师郑玄曾在《诗谱序》中说："举一纲而万目张，解一卷而众篇明。"知识之间的关系虽然纵横交错，但只要抓住主要的、关键的部位，次要的、从属的部分就迎刃而解了。

所谓提纲，实际是一本书或一篇文章的主要脉络。在提纲中，既要体现材料的主要内容、精神实质以及相互间的逻辑关系，又要突出自己的语言风格，做到恰当地表述，这样，易于记忆。

父母在教育孩子学习记忆方法时，还应懂得"运用之妙，存乎一心"的道理。让孩子在进行记忆时应"不拘一格"，举一反三。只有综合运用各种记忆方法，才能取得好的记忆效果。